BOSH!
EINFACH VEGAN
LEBEN

WIE MAN DIE WELT RETTET UND SICH DABEI GROSSARTIG FÜHLT.

HENRY FIRTH & IAN THEASBY

BOSH!
EINFACH VEGAN
LEBEN

WIE MAN DIE WELT RETTET UND
SICH DABEI GROSSARTIG FÜHLT.

HENRY FIRTH & IAN THEASBY

Aus dem Englischen von Imke Brodersen

Die Originalausgabe erschien 2019 unter dem Titel BOSH! How to Live Vegan. Save the Planet and Feel Amazing bei HarperCollins Publishers Ltd. London.

Dieses Buch ist für dich. Dass du es in der Hand hast, beweist, dass dir unser Planet und alle seine Bewohner am Herzen liegen. Es sind Menschen wie du, die durch ihr Verhalten die Welt verändern.

INHALT

WARUM? 20

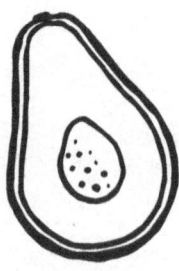

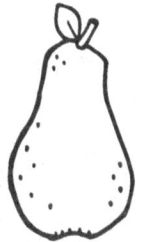

WIE?

112

GELEITWORT VON HENRY

Auf dieses Buch bist du gestoßen, weil du bereits bist, etwas zu verändern. Meine Entwicklung zum Veganer begann in einem ziemlich holprigen Lebensabschnitt.

An meinem Tiefpunkt leitete ich ein millionenschweres Unternehmen. Aber glücklich war ich nicht. Mein Traum war zum Albtraum geworden. Eine Reise nach Japan sollte mir mehr Klarheit verschaffen, und dort merkte ich, dass nur eine gesündere Denkweise mir zu echter Work-Life-Balance verhelfen würde. Ich begann wieder zu meditieren, zu lesen und Sport zu treiben. Nach meiner Rückkehr wollte ich mehr Verantwortung für meine Gesundheit übernehmen und ein sinnvolleres Leben führen. Ich wollte meine Fähigkeiten zum Wohl der Erde einsetzen und mich aktiv für den Klimaschutz engagieren.

Damals stand mir ein enger Freund und Kollege zur Seite: Ian. Er half mir, diese schwarzen Zeiten durchzustehen, indem wir nicht nur zusammen arbeiteten, sondern auch zusammen wohnten. Und eines Tages wurde er Veganer. Ich fand das lächerlich und machte mich ständig über ihn lustig. So war ich damals eben. Mein Tiefkühlfach strotzte vor hochwertigem Fleisch, und mein Personal Trainer empfahl mir eine fettreiche ketogene Diät. Ians merkwürdige Currys rührte ich nicht an. Dann aber sah ich einen Dokumentarfilm, *Cowspiracy*, der mich wachrüttelte. Von einem Tag auf den anderen aß ich vegan. Mit Unterstützung einiger Freunde riefen Ian und ich den Video-Kanal BOSH.TV ins Leben, um anderen zu zeigen, wie man auch Fleischfreunde vegan bekochen kann. Binnen kurzem hatten wir eine Milliarde Klicks und schafften es zweimal auf die Bestsellerliste der *Sunday Times*.

Heute sprechen wir im Fernsehen, im Radio und auf Veranstaltungen regelmäßig über veganes Essen. Dieser Austausch macht uns sehr glücklich, doch wir achten bewusst darauf, auch andere Ansichten, Lebensmodelle und Herangehensweisen zu akzeptieren.

Für uns ist vegane Ernährung eine Art Pflaster, das wir der Erde aufkleben können, damit sie heilen kann. Aber es geht nicht um Schwarz-Weiß-Denken. Mein Vater war der Erste, der zu mir sagte, dass ein paar Flüge nach Amerika genauso viel Kohlendioxid erzeugen, wie man durch vegane Ernährung einspart. Wenn er also hin und wieder etwas Fleisch zu seinem saisonalen Gemüse aus regionalem Anbau isst und nur sehr selten fliegt, verhält er sich ebenfalls umweltfreundlich.

Wie man es auch dreht und wendet, das Essverhalten der Mehrheit ist unangemessen. Unsere Produktionsmethoden zerstören den Planeten, die Regenwälder und unsere Gesundheit und fügen Milliarden Tieren Leid zu.

Das Thema Ernährung ist gigantisch, und auf der ganzen Welt haben wir derart „eingefleischte" Gewohnheiten, dass ein anderes System kaum vorstellbar erscheint. Dabei leben wir in einer Epoche, in der wir das Glück haben, selbst entscheiden zu dürfen, was wir essen. So viel Auswahl gab es nie! Und mit dem Angebot geht die Verantwortung einher, klug zu wählen.

Wir sind keine Heiligen und keine Prediger. In diesem Buch gibt es keine Propaganda und keine erfundenen Fakten. Als Söhne von Fleischessern im Norden, die unter Fleischessern leben und aufgewachsen sind, möchten wir verraten, warum und wie wir Veganer geworden sind. Schritt für Schritt erklären wir, warum vegane Mahlzeiten – ob täglich oder mehrmals in der Woche – tatsächlich ein Beitrag zur Rettung des Planeten sein können. Zudem tun sie gut, und man lebt länger!

Wer du auch bist und wo immer du auf deinem Weg stehst: Wir respektieren dich und vertrauen darauf, dass du zum veganen Leben eigene informierte Entscheidungen triffst (auch wenn die vielleicht anders ausfallen als unsere).

GELEITWORT VON IAN

Als Veganer möchte ich eines betonen: Du darfst alles essen, was du magst.

Die meisten Menschen sind mit Fleisch aufgewachsen. Wer Fleisch isst, ist kein schlechter Mensch. Und wer kein Fleisch isst und sich vegetarisch oder vegan ernährt, ist deshalb kein guter Mensch.

Henry und ich erinnern uns noch an den Geschmack von Fleisch. Wir mochten Steak und Braten, und auch ein Burger schmeckte einfach köstlich. Mein Großvater war Landwirt. Unsere Familien und alten Freunde essen weiterhin Fleisch – und wir lieben sie innig.

Unsere Familien hätten bestimmt nie damit gerechnet, dass wir einen veganen Kochkanal aufbauen, und sie fragen regelmäßig, warum wir vegan geworden sind. Dieses Buch liefert die Antworten. Mum, dieses Buch ist für dich!

Wir essen seit über vier Jahren keine tierischen Erzeugnisse mehr. Seitdem haben wir den größten Online-Videokanal zum Thema pflanzliche Ernährung aufgebaut und zwei Kochbücher geschrieben, um zu zeigen, was alles sogar noch besser schmeckt als Fleisch!

In diesem Buch steckt keine Propaganda. Es soll dir keine Gehirnwäsche verpassen oder dich zu einem Klon von uns machen. Wir haben unsere Quellen zitiert und sitzen hoffentlich nicht auf einem zu hohen Ross. Aber das Thema ist wirklich wichtig.

Falls du dich fragst, warum sich die Anzahl der Veganer in den letzten Jahren mehr als vervierfacht hat[1] und warum die Anzahl der Flexitarier (die bewusst wenig Fleisch essen) ähnlich wächst, liefert dieses Buch hoffentlich die Antwort.

Und falls du dich fragst, warum so viele Restaurants auch vegane Gerichte anbieten (oder anpreisen), kann dieses Buch es vielleicht erklären. Spoiler: Dass es mehr vegane Gerichte gibt, liegt nicht an der wachsenden Zahl der Veganer, sondern daran, dass immer mehr Menschen ihren Fleischkonsum bewusst einschränken.

Wenn du wissen möchtest, warum Sir David Attenborough oder andere Dokumentarfilmer der Ansicht sind, dass es für die Erde besser wäre, wenn wir weniger Fleisch und Milchprodukte äßen, dann lies dieses Buch. Wir erklären die Hintergründe und geben praktische Hinweise, was man selbst verändern kann.

Doch wenn du einfach nur häufiger vegan kochen willst, ob für die Umwelt oder aus gesundheitlichen Gründen, um Geld zu sparen oder aus Neugier auf diese faszinierenden, neuen Gerichte, dann können wir dir auch dabei helfen. Wir wollen dir zeigen, wie wunderbar vegane Ernährung für Körper, Geist und Seele sein kann.

Es geht allein um deinen eigenen Weg. Es gibt kein Patentrezept für alle.

Jede Antwort, die nur schwarz oder weiß kennt, egal zu welchem Thema, führt in die Irre. Wir laden dich ein, mit uns diverse Graustufen auszuloten, und dabei verraten wir dir, wieso die Entscheidung für vegane Ernährung und ein möglichst veganes Leben für uns das Beste war, was wir je umgesetzt haben.

WAS BEDEUTET „VEGAN"?

Die Vegane Gesellschaft definiert Veganismus als einen Lebensstil, der „so weit wie möglich und praktikabel alle Formen der Ausbeutung von Tieren und Grausamkeit gegen sie ausschließt."

Das Wort „vegan" hat der Gründer der Vegan Society England geprägt. Bis heute versorgt diese Gesellschaft vom Vereinigten Königreich aus Veganer auf der ganzen Welt mit Informationen und Kampagnen und registriert Produkte unter ihrer Handelsmarke *Vegan®* (Mehr dazu auf Seite 166). Der Zusatz „so weit wie möglich und praktikabel" wird in den meisten Diskussionen über ein veganes Leben leider ausgeblendet. Angeblich gibt es strenge Regeln, was man als „echter" Veganer darf und was nicht. Doch das stimmt nicht! Wer darüber nachdenkt, erkennt schnell, dass ein zu 100 Prozent veganes Leben praktisch unmöglich ist. Tierische Produkte landen an unvorstellbaren Orten, ob in der Druckertinte, im Innenraum des Wagens oder gar in unserem Geld.

Für uns ist Veganismus ein erstrebenswertes Ziel, ein Ideal, auf das wir hinarbeiten. Oh ja, auch wir arbeiten noch daran! Wie weit du gehen willst, liegt ganz allein bei dir. In diesem

Buch wollen wir lediglich Fakten präsentieren – der Rest ist deine freie Entscheidung.

Für die einen geht es bei „vegan" nur ums Essen, andere beziehen auch Lebensbereiche wie Kleidung, Make-up oder Haushalt mit ein. Vielleicht möchtest du nur von Woche zu Woche mehr rein pflanzliche Gerichte essen oder die tägliche Portion Milch und Käse durch pflanzliche Alternativen ersetzen. Nur zu! Kleine Veränderungen können viel bewirken, nicht nur für dein Leben, sondern auch für das deiner Mitmenschen.

Unser Kanal **BOSH!** ist jetzt drei Jahre alt. Wir wollten die Welt dazu motivieren, mehr Pflanzen zu essen, um den Klimawandel aufzuhalten. Inzwischen erreichen unsere Videos Millionen, und wir haben unzählige Male gehört, dass jemand Veganer geworden ist oder deutlich weniger Fleisch isst, seit er unsere Rezepte ausprobiert hat. Wir unterstützen jeden positiven Schritt, weniger tierische Produkte und mehr pflanzliche Nahrung zu essen. Vielleicht entscheidest du dich dafür, bei allen Hauptmahlzeiten vegan zu essen, aber ohne deine nicht-veganen Snacks geht es nicht. Kein Problem! Ob du Feuer und Flamme bist oder lieber ganz klein anfängst: Mach, was dir persönlich praktikabel erscheint.

Ehe wir vegan wurden, steckte in fast jeder unserer Mahlzeiten irgendein tierisches Produkt. Es war eine gewisse Herausforderung, vollständig auf Pflanzen umzustellen – Ian kochte in der Anfangszeit unablässig braune Currys. Inzwischen ist es jedoch deutlich leichter und die Auswahl weitaus größer. Im Supermarkt bestaunen wir die breite Vielfalt an rein pflanzlichen Produkten, jeden Tag eröffnen neue vegane Restaurants, und selbst die großen Fastfood-Ketten halten vegane

Optionen bereit. Außerdem haben wir in diesen Jahren natürlich jede Menge dazugelernt, besonders, wie man fantastische vegane Gerichte zubereitet. Das alles teilen wir über unseren YouTube-Kanal, Facebook, Instagram und unsere Bücher nur zu gern.

Unser Ziel ist nach wie vor dasselbe. Wir alle kennen die Fakten. Wir wissen von der erhöhten Waldbrandgefahr, von Extremwetterlagen und vom steigenden Meeresspiegel. Inzwischen aber verändert sich der Sprachgebrauch. Es ist nicht mehr die Rede vom „Klimawandel", sondern eher von der *Klimakrise* oder dem *Klimanotstand*. Als wir hörten, wie Sir David Attenborough, Greta Thunberg und Professor Berners-Lee in der BBC Dokumentation *Climate Change – The Facts* 2019 in aller Klarheit darstellen, wie unglaublich bedrohlich der Klimawandel für uns Menschen ist, wurde uns die Lage noch klarer. Erschüttert sahen wir mit an, wie die ersten Klimaflüchtlinge wegen steigender Meeresspiegel ihre Häuser aufgeben mussten, wie die Entwaldung den ganzen Globus erfasst und wie in Kalifornien 2018 nie dagewesene Waldbrände wüteten. Das ist schwer erträglich, ja, und wir wollen weder entmutigen noch Panik schüren.

Angesichts dieser erschreckenden Entwicklung möchte man am liebsten den Kopf in den Sand stecken und auf die unausweichliche Apokalypse warten. Doch zum Glück endet die Sendung mit der wohl wichtigsten Botschaft überhaupt: Am Ende erklärten Sir David Attenborough und die anderen, was wir konkret tun können.

Dein bester Beitrag zur Rettung der Welt ist, weniger Fleisch und Milchprodukte zu verzehren und möglichst oft rein pflanzlich zu essen: Werde Flexitarier, Vegetarier oder Veganer.

Es gibt viele Methoden, den Fleisch- und Milchkonsum zu verringern. Deshalb kommt es darauf an, deinen Weg zu finden.

Du musst austüfteln, wie eine pflanzliche Ernährung bei dir funktioniert, in deinem Leben, so wie es jetzt ist. Vielleicht ist eine rein vegane Ernährung momentan eine zu große Umstellung. Dennoch kannst du schon durch kleinere Veränderungen deiner Gewohnheiten viel bewirken. Ein erster großer Schritt wäre der Verzicht auf Rindfleisch – du könntest stattdessen nachhaltigere Optionen wählen. Vielleicht möchtest du auch erst eine Weile mit dem Flexitarieransatz herumspielen, indem du vornehmlich Pflanzen isst, aber gelegentlich auch Fleisch, Fisch und Milchprodukte.

Der revolutionäre neue Burger-Produzent *Beyond Meat* verkauft nach eigenen Angaben 93 Prozent seiner veganen Produkte an Fleischesser.[2] Das allgemeine Interesse, weniger Fleisch zu essen, ist also definitiv im Kommen. Das bedeutet zugleich, dass vegane Produkte aufgrund der Kaufkraft der Flexitarier einen enormen Boom erleben! Dank der Menschen, die Flexitarier sind, ist es inzwischen deutlich leichter, vegan zu leben, weil die Nachfrage nach hochwertigen, nichttierischen Produkten wächst. Schon ein paar mehr pflanzliche Mahlzeiten beim Einzelnen bedeuten für den Gesamtkonsum einen erheblichen Unterschied.

Niemand muss sich zum ausgewiesenen Veganer wandeln. Du musst weder Socken in Sandalen tragen noch Hanfsamen in deine Smoothies rühren. Darum geht es nicht. Wichtig ist, dass du weniger Fleisch und Milchprodukte zu dir nimmst, was auch immer das für dich bedeutet.

Überleg dir einfach, wieso dich das Thema gerade interessiert. Warum willst du vegan leben? Geht es dir um die Umwelt, um gesundheitliche oder humanitäre Gründe oder um die Tiere? Möchtest du auch anderweitig weniger tierische Produkte kaufen? Kleidung, Körperpflegeprodukte und Make-up sind mitunter aus tierischen Produkten erzeugt – willst du auch da Einschnitte machen? Oder geht es dir erst einmal um die Ernährung? Das Nachdenken über solche Fragen hilft dir, zu deiner Entscheidung zu stehen. Überleg dir, was du möchtest, und achte dann bei allen Alltagsentscheidungen darauf, dass sie zu deinem Entschluss passen.

Es ist einfach. Kaufe keine tierischen Produkte. *Soweit es dir richtig erscheint.*

Als Verbraucher beruht unsere Macht vor allem auf unseren Kaufentscheidungen. Indem wir als Konsumenten weniger Geld für tierische Produkte ausgeben, können wir positive Veränderungen anstoßen. In diesem Buch erfährst du, wie du ohne Fleisch, Milchprodukte und andere tierische Erzeugnisse auskommst, ohne bei Vielfalt, Geschmack und Lebensstil Abstriche zu machen. Es ist ganz leicht, du fühlst dich besser und gesünder, und dein CO_2-Fußabdruck geht deutlich zurück.

BOSH! mit uns deine Küche, dein Bad und dein Leben. Wir helfen dir. Du erfährst, wie du tierische Produkte aussortierst und deine Lieblingsgerichte auf Pflanzenbasis zubereitest. Du bekommst das nötige Wissen, um die Welt zu retten und dabei kerngesund zu bleiben.

> **i**
>
> Die Anzahl der Veganer, die über 14 Jahre alt sind, ist in Deutschland zwischen 2015 und 2019 von etwa 850 000 Personen (1,04 % der Bevölkerung) auf rund 950 000 Personen (1,14 % der Bevölkerung) gestiegen.[3] In dieser Zeit hat **BOSH!** zahlreiche neue Rezepte in Büchern und über andere Kanäle herausgebracht, und unsere Videos wurden 1,5 Milliarden Mal angeklickt. Das ist verdammt viel!

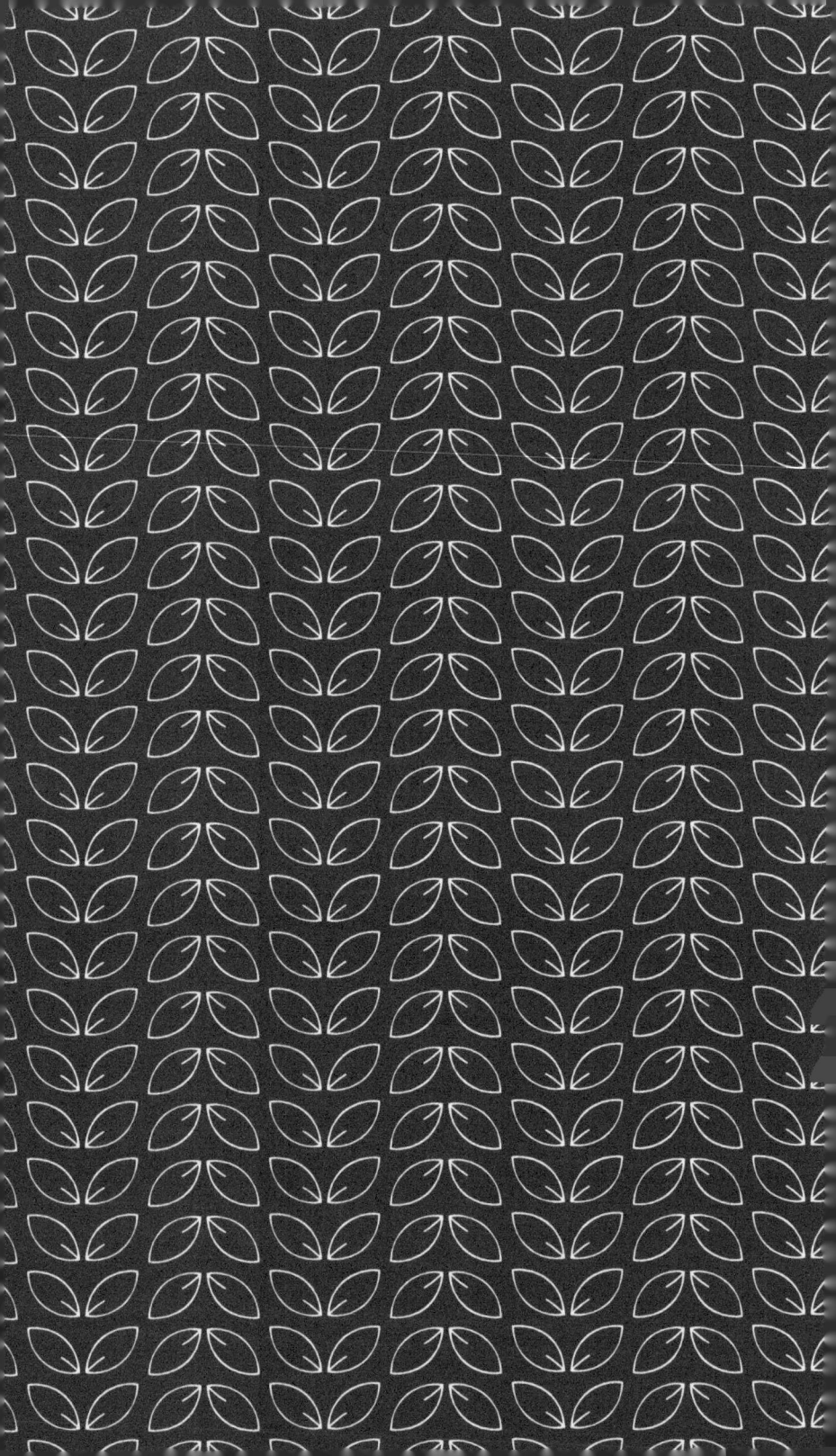

WARUM?

1

GUT FÜR DIE ERDE

Wir alle möchten zu einer positiven Veränderung für die Erde beitragen. Aber ehe wir dir verraten, wie dir das gelingt, sollte dir bewusst sein, wieso Veganismus diesen Wandel unterstützt.

Ja, das liest sich mitunter nicht so leicht, aber wir sollten vor den Fakten nicht die Augen verschließen. In diesem Abschnitt geht es daher um ein paar schlichte Tatsachen, die für uns zum Weckruf wurden. Und sie unterstützen tagtäglich unsere Motivation.

Etwa ein Viertel des CO_2-Fußabdrucks im Vereinigten Königreich beruht auf dem, was wir essen und trinken.

JOSEPH POORE

Wissenschaftler an der School of Geography and the Environment, Universität Oxford

Das Nachhaltigste und Wichtigste,
was wir individuell tun können,
um den Klimawandel aufzuhalten,
ist, weniger Fleisch und Milchprodukte zu verzehren ...
Das ist wissenschaftlich
eindeutig belegt.

PROFESSOR MIKE BERNERS-LEE
in Climate Change – The Facts

Uff. Was für eine Erkenntnis! Denn wenn Fleisch und Milchprodukte großen Anteil an diesem Problem haben, können wir tatsächlich etwas tun.

Dass unser Verlangen nach Steaks, Hamburgern und Käse zentralen Anteil am Problem hat, lässt sich leider nicht bestreiten. Wir müssen unseren Konsum einschränken, um die Treibhausgase zu reduzieren, die wir in die Atmosphäre blasen. Das zählt zu den nachhaltigsten Entscheidungen zur Verringerung des individuellen CO_2-Fußabdrucks.

Im Verlauf der Erdgeschichte kam es fünf Mal zu einem Massensterben. Die Epoche, die wir gerade durchleben, gilt als das sechste Massensterben.[4] Und diesmal ist der Artenrückgang allein menschengemacht. In den letzten 40 Jahren haben wir die Hälfte aller wilden Tiere getötet,[5] und seit Beginn der menschlichen Zivilisation wurden 83 Prozent aller wildlebenden Säugetiere ausgerottet.[6] Wir haben das größte Massensterben seit den Dinosauriern verursacht und das erste, dessen Ursache – wir – sich frei entscheiden konnte.

Wie konnte es dazu kommen? Nun, teilweise beruht der Rückgang der Tiere auf der menschlichen Überbevölkerung, teilweise aber auch auf zu hohem Konsum. Ja, wir sind sehr viele auf diesem kleinen Planeten, doch die Wildtiere leiden vor allem unter unserem Jagdverhalten und der Zerstörung ihrer Lebensräume.[7] Über die Hälfte der Erdoberfläche hat der Mensch im Sinne seiner Ziele umgestaltet,[8] und man schätzt, dass 26 Prozent der Erdoberfläche heute als Weidefläche dienen.[9]

Aber nicht nur Wildtiere sind in Gefahr. Das größere und schlimmere Risiko, dem wir uns gegenwärtig stellen müssen, ist die Erderwärmung. Wissenschaftler warnen, dass wir das Katastrophenszenario einer Erwärmung um 2 °C unbedingt verhindern sollten.[10] Es gilt als apokalyptisches Worst-Case-Szenario, doch tatsächlich ist diese katastrophale Erwärmung wohl eher das Best-Case-Szenario.[11]

Aufgrund steigender Mengen an Treibhausgasen wie Methan und Kohlendioxid staut sich in der Erdatmosphäre mehr Wärme. Deshalb kann die Erde immer schlechter abkühlen und erwärmt sich rapide, was wiederum ein dramatisches Abschmelzen der Polkappen und eine zunehmende Anzahl klimabedingter Naturkatastrophen nach sich zieht.[12]

Der Kohlen-
dioxidgehalt
der Atmosphäre
ist auf dem
höchsten Stand
seit 650 000
Jahren.[13]

Die Erderwärmung wird auch globale Konflikte anheizen.[14] Das hat uns zunächst überrascht, ist jedoch unausweichlich. Wenn lebenswichtige Ressourcen wie Wasser, Nahrung oder Brennmaterial knapp werden und unvorhersehbare Wetterphänomene Landschaften und Städte verwüsten, können Regierungen ihre Gesellschaften schlechter schützen und organisieren. Schlimme Dürren,[15] überflutete Küstenstädte[16] und Millionen Klimaflüchtlinge aus ausgedörrten, der Verwüstung anheimgefallenen Ländern[17] verunsichern die Menschen auch anderswo und erzeugen vielerorts Instabilität und politische Unruhen.

Darunter werden zuerst die Ärmsten dieser Welt leiden,[18] besonders in Äquatornähe. Schon jetzt gibt es Gegenden in Afrika, Asien, Südamerika und selbst in Alaska,[19] wo die Temperaturen dramatischer steigen als anderswo und die Menschen aufgrund des Klimawandels ihre Häuser verlieren oder zu verlieren drohen. Das heißt, unser maßloser Konsum beeinträchtigt auch die Ärmsten. Ist es nicht furchtbar, dass es einerseits genug Nahrung auf der Welt gäbe, um alle Menschen zu ernähren, und dass dennoch jeden Tag 800 Millionen Menschen Hunger leiden?[20]

Als wir das alles erfahren haben, haben wir zugegebenermaßen vorübergehend den Glauben an die Menschheit verloren. Wer solche Zahlen hört, reagiert oft ernüchtert und resigniert – als hätten wir keinerlei Einfluss. Aber wir haben uns aus diesem Loch wieder herausgearbeitet und erkannt, dass wir doch etwas tun können. Denn jeder kann die Welt durch sein Verhalten etwas besser machen. Gerade solche deprimierenden, frustrierenden Fakten sollten uns antreiben!

Wir haben das Glück, im Westen zu leben, in einer Welt, in der wir von der anderen Seite der Erde Avocados importieren, sie fotografieren und anderen im Internet zeigen können. Ständige Schuldgefühle, weil wir so viel haben, helfen niemandem. Dennoch sollten wir uns eingestehen, wie privilegiert wir sind.

Wir Menschen haben diese Probleme gewiss nicht absichtlich hervorgerufen. Indirekt tragen wir jedoch durch unsere moderne Lebensweise – mit all ihrem Luxus und ihrer Technik – dazu bei. Also müssen wir Verantwortung übernehmen.

Wir zwei sind jung und reisen beruflich viel durchs Land und in der ganzen Welt herum. Unterwegs kaufen wir natürlich auch etwas zu essen. Wir lieben unsere Notebooks und Smartphones – schließlich leben wir davon, ständig online präsent zu sein. Wir kaufen Kleider, die gerade modern sind, wir benutzen Servietten und haben nicht jeden Tag ein eigenes Lunchpaket in der Metalldose dabei.

Aber wir müssen uns verantwortungsbewusst entscheiden.

Die menschliche Zivilisation ist rund 12 000 Jahre alt. Das viele zusätzliche Kohlendioxid und andere Treibhausgase wurden erst zu unseren Lebzeiten in die Atmosphäre eingebracht, und zwar in den letzten 30 Jahren.[21, 22] Und die Wissenschaft meint, uns blieben noch ungefähr 20 Jahre Zeit, um das noch in Ordnung zu bringen.[23]

Es klingt nach Science Fiction, doch offenbar liegt die gesamte Geschichte der Menschheit, wie wir sie kennen, derzeit in den Händen von nur zwei Generationen. Momentan sieht es nicht nach einem Happy End aus.

Das hört sich erschütternd an, aber ist es nicht auch faszinierend, dass wir immer noch etwas ausrichten können?

Sollte uns das nicht hoffnungsvoll stimmen? Während uns allen bewusst wird, was zu tun ist, macht es unglaublich viel Mut, wie Menschen auf der ganzen Welt aktiv werden und im Namen des Klimas und unserer Umwelt Großes vollbringen.

Die Wissenschaft sagt: Wenn wir innerhalb des nächsten Jahrzehnts nicht radikal umsteuern, könnten wir erleben, wie die Natur irreversibel Schaden nimmt und unsere Gesellschaften zerfallen.[24]

SIR DAVID ATTENBOROUGH

DAS TIERWOHL

Der Klimawandel ist keineswegs der einzige Grund, weshalb Menschen Veganer werden. Wer Ernährung und Leben mehr auf Pflanzen ausrichtet, nennt dafür drei Hauptmotive:

1. Die Umwelt
2. Der Umgang mit den Tieren
3. Die eigene Gesundheit

Warum du vegan leben möchtest, ist allein deine Sache, doch je mehr du darüber liest, desto wichtiger dürften dir auch die anderen beiden Gründe werden.

Bei Ian gaben zunächst gesundheitliche Gründe den Anlass für die Umstellung, aber bald ging es ihm auch um die Tiere und die Umwelt. Henry nannte zunächst den Klimawandel als Antrieb, merkte dann jedoch, wie seine Tierliebe wuchs, und dass er insgesamt gesünder war.

Wenn du dich konsequent auf den veganen Weg begibst (wozu wir dich unbedingt ermuntern), ist es praktisch unmöglich, die Grausamkeiten zu übersehen, denen Tiere im Rahmen der aktuellen Produktionsabläufe auf der ganzen Welt ausgesetzt sind. Das reicht von viel zu engen Haltungsformen oder der Trennung der Kälber von den Kühen in der industriellen Milcherzeugung bis hin zur Vernichtung ganzer Fischbestände durch die kommerzielle Fischerei.

Wir werden häufig gefragt, was denn gegen Biofleisch von Weidetieren spricht, denen es immer gut gegangen ist und die ihre Besitzer beim Namen kannten. Das müsste doch akzeptabel sein?

Nun, abgesehen von der Frage, ob es überhaupt akzeptabel sein kann, ein anderes Lebewesen zu töten, wäre da noch das Problem, dass unser Planet einfach nicht alle Menschen in dieser Form versorgen kann. Die meisten Menschen essen kein Biofleisch, weil sie keines bekommen oder es sich einfach nicht leisten können. Zudem fehlt der Platz dafür, eine solche Haltung derart auszuweiten. Viele tierische Produkte aus dem Supermarkt stammen jedoch von Tieren, die unter schlimmen industriellen Bedingungen möglichst billig aufgezogen werden, um die Nachfrage zu decken.[25,26]

Uns geht es um eine Ernährungs- und Lebensweise, die allen gerecht wird, nicht nur ein paar Auserwählten.

GESUNDHEIT

Die meisten Menschen wollen aus gesundheitlichen Gründen mehr Pflanzen essen.[27] Das Tierwohl folgt als Motivation dichtauf.

Wir wissen aus erster Hand, wie fantastisch es einem mit veganer Ernährung gehen kann. Wir fühlten uns beide fast augenblicklich leichter. Ja, wir nahmen damit ab, aber wir waren auch innerlich erleichtert.

Wir schliefen besser, verdauten leichter, die Haare wurden dichter – und erfreulicherweise war auch ein Kater plötzlich erträglicher! Unglaublich! (Wobei wir eine Weile gebraucht haben, bis wir die perfekte Alternative zu einem Anti-Kater-Sandwich mit Bacon gefunden hatten ... Das war übrigens meine Hauptmotivation für den **großen Frühstücksbagel** in unserem zweiten Kochbuch, **BISH BASH BOSH!**) Außerdem haben wir festgestellt, dass unser Energiehaushalt stabiler war, denn das Nachmittagsloch oder das abendliche Versumpfen vor dem Fernseher blieben aus.

Was nicht heißen soll, dass vegan immer auch gesund ist. Wie bei jeder Ernährungsform kann eine vegane Ernährung ausgesprochen ungesund ausfallen. Generell jedoch wirst du mit mehr Gemüse schnell feststellen, dass du besser aussiehst und dich auch besser fühlst.

Ein netter Nebeneffekt war für uns, dass wir deutlich genauer darauf geachtet haben, was wir dem Körper zumuten. Als wir anfingen, alle Etiketten zu studieren *(vegan oder nicht?)*, wurden uns zugleich auch andere Zutaten bewusst, die wir nicht zu uns nehmen wollten − all die Zusatzstoffe, Konservierungsmittel und Farbstoffe, die eigentlich niemand braucht. Natürlich kaufen wir hin und wieder Dinge, die nicht sonderlich gesund sind, doch letztlich geht es um das Gleichgewicht − wir sind beide wild auf Süßes. Insgesamt betrachtet treffen wir heute aber eine bewusstere Wahl.

Du musst dich keineswegs auf unsere Erfahrungen verlassen, denn die Wissenschaft kann alles belegen.

Eine Ernährungsform mit viel Obst und Gemüse liefert mehr Vitamine, Nährstoffe und Ballaststoffe. Und weil man sich an Gemüse nicht so leicht überisst, wird man auch nicht so leicht übergewichtig. Medizin, Ernährungswissenschaft und die Sportwelt sind sich inzwischen einig, dass eine pflanzliche Ernährung den Körper optimal versorgt und schützt. Immer mehr Studien zeigen, dass eine gut ausgewogene pflanzliche Ernährung mit einem niedrigeren Körpergewicht[28] sowie weniger Übergewicht,[29] Diabetes[30] und Herzgefäßproblemen[31] einhergeht. Warum man sich mit pflanzlicher Kost so gut fühlt, erklären wir ab Seite 68.

UND WAS KÖNNEN WIR NUN TUN?

Der Klimawandel ist ein komplexes Problem (hm ... weit untertrieben!), in das viele Faktoren hineinspielen. So viele, dass es keine eindeutige Lösung gibt. Angesichts der Vielzahl an Fakten und Zahlen, Argumenten und Thesen fühlt man sich leicht wie gelähmt. Wir sind von der Komplexität so überwältigt, dass wir nicht entscheiden können, was das Beste dagegen ist. Vielleicht hat die Menschheit deshalb bisher nicht sonderlich viel unternommen.

Führende Köpfe sagen, wir müssten eine heroische Leistung vollbringen, die dem Zweiten Weltkrieg gleichkäme, um den Klimawandel zu bekämpfen,[32] doch dieses Problem ist weitaus abstrakter – schwerer vorstellbar, schwerer zu erklären, schwerer zu lösen. Vor dieser Mammutaufgabe erstarren wir, denn was können Alltagsentscheidungen schon bewirken? So viele Leute liefern so viele verschiedene Lösungsvorschläge, dass man nicht weiß, was man noch glauben soll. Verwirrung und Zweifel bremsen uns aus.

Sind Plastikstrohhalme schlimm? Sollen wir alle auf Elektroautos umsteigen? Nie mehr fliegen und nur noch mit

dem Zug reisen? Welchen Anteil hat Lebensmittelvergeu-
dung? Müssen wir alle Vegetarier werden? Aber Fleisch und
Eier von nebenan sind doch bestimmt besser als Avocados
und Quinoa aus Südamerika?

Rein privat dürfte wohl jeder ein Gefühl von Hilflosigkeit empfinden.

Was können wir Einzelnen schon ausrichten? Wie können wir das Verhalten von Milliarden Menschen beeinflussen, wenn das nicht einmal Regierungen und Großkonzerne
schaffen? Manche Menschen sind tatsächlich nicht bereit,
zugunsten des großen Ganzen etwas zu verändern, aber die
breite Masse würde doch bestimmt mitmachen, wenn sie nur
wüsste, wie?

Eine Zeitlang verwendete Ian Bambuszahnbürsten und
versuchte, möglichst gar keinen Müll zu erzeugen. Doch in
unserer Branche, in der wir täglich neue Rezepte erfinden,
kann man so kaum leben. Also beschlossen wir, dass wir mehr
Einfluss hätten, wenn wir uns ganz auf unser Hauptthema
konzentrieren: pflanzliche Gerichte, die allen schmecken und
die jeder kochen kann. Dabei verwenden wir nach Möglichkeit nachhaltige Produkte, aber wir schaffen nicht alles gleichzeitig. Und das ist okay – wir tun, was wir können.

Wir haben unsere Vorliebe für Steak und Braten in die
sprichwörtliche Waagschale gelegt und gegen unsere Liebe
zur Welt und die Zukunft für künftige Generationen abgewo-
gen. Wir essen gerne und hatten unsere Leibgerichte, die wir
nicht aufgeben wollten. Henry zögerte noch eine Weile, denn

er liebt Fish and Chips mit Sauce tartare. Doch bei näherer Betrachtung der Fakten konnten wir uns der Realität nicht mehr entziehen.

DIE HAUPTURSACHEN DES KLIMAWANDELS

Für den Klimawandel gibt es zwei Hauptursachen, die alle anderen bei weitem übersteigen: die Erzeugung tierischer Produkte und das Transportwesen.

Beginnen wir mit dem Transportwesen. Ein Flug von London nach New York und wieder zurück, kostet die Arktis drei Kubikmeter Eis pro Passagier.[33] Für einen geringeren CO_2-Fußabdruck sollten wir somit weniger fliegen und Luftfrachtversand vermeiden. Gemäß dem Gesetz von Angebot und Nachfrage werden weniger Flüge starten, wenn wir weniger fliegen, und die CO_2-Emissionen durch den Luftverkehr gehen zurück. Dasselbe gilt, wenn wir herkömmliche Dieselfahrzeuge oder Benziner durch Elektrowagen ersetzen.

Bei tierischen Produkten sind die Folgen jedoch weitaus greifbarer. Die Reduktion der Transportemissionen senkt prompt die Menge der Treibhausgase. Ganz einfach.

Eine vegane Ernährung ist die wohl unmittelbarste Methode, den Planeten zu schonen, nicht nur im Hinblick auf Treibhausgase, sondern auch auf die Übersäuerung, die Überdüngung und den Land- und Wasserverbrauch. Das geht deutlich weiter als weniger zu fliegen oder ein Elektroauto zu fahren.[34]

JOSEPH POORE

Wissenschaftler an der School of Geography and the Environment, Universität Oxford

Gemäß derselben Regel von Angebot und Nachfrage reduziert ein geringerer Verbrauch tierischer Produkte die CO_2-
und Methanemissionen, den Land- und Wasserverbrauch, die
Abholzung der Regenwälder und das Artensterben.

Wenn ein veganes Leben dir zu extrem erscheint, kann
schon eine weitere pflanzliche Mahlzeit pro Woche viel bewirken. Wenn jeder Bewohner meines Landes einmal in der
Woche auf Fleisch verzichten würde, könnten wir die Emissionen um über acht Prozent senken. Das entspräche 16 Millionen Autos weniger. Der Landverbrauch für Landwirtschaft
würde national und international um 23 Prozent zurückgehen
und der Wasserverbrauch um zwei Prozent sinken.[35] Wenn jeder US-Amerikaner einmal in der Woche statt Huhn pflanzlich
essen würde, würde das so viel CO_2 einsparen, als ob man
eine halbe Million Autos von der Straße nähme.[36]

Damit die Wirtschaft im Vereinigten Königreich
bis 2050 beim CO_2-Ausstoß die Nettonull
erreicht, müsste der Verzehr an Rind- und
Lammfleisch sowie von Milchprodukten laut
dem internationalen Komitee für Klimawandel
um 20 Prozent sinken.

Quelle: *Climate Change – The Facts*

Wissenschaftlich betrachtet ist es also klar: Wenn mehr Menschen vegan, also rein pflanzlich essen, bewirken wir damit weitaus mehr als durch Umstellungen in der Mobilität. Experten aller Forschungsbereiche raten dazu, weniger tierische Produkte zu verzehren. Fangen wir an! Schließlich *wissen* wir, dass sich verändertes Essverhalten auf den Klimawandel auswirkt. Wir sind uns der Konsequenzen unseres Verhaltens bewusst. Wer jetzt nicht handelt, macht sich mitschuldig.

Nehmen wir die Herausforderung an, diese Welt zu retten – für uns und für künftige Generationen! Unser Appetit auf Fleisch und Milchprodukte führt dazu, dass wir den Planeten zerstören. Für unsere Lust auf Hamburger verwandeln wir Wälder und Wiesen in Weideland. Das ist doch irre!

Obwohl wir genug Nahrungsmittel erzeugen, um alle satt zu bekommen, hungern knapp eine Milliarde Menschen. Das, was sie essen könnten, verfüttern wir an Vieh, damit wir Steaks bekommen. 82 Prozent der hungernden Kinder auf der Welt leben in Ländern, wo Lebensmittel an Vieh verfüttert werden, dessen Fleisch in den Export geht, damit reichere Menschen in industrialisierten Regionen wie Amerika oder Europa es essen können.[37]

Es wird Zeit für eine vegane Revolution und positives Handeln.

Viehzucht beansprucht global **83 %** der landwirtschaftlichen Fläche, liefert aber nur **18 %** der Kalorien.[38]

Diesen Fakten haben wir uns vor vier Jahren gestellt und – als bis dato große Fleischliebhaber – eine Entscheidung getroffen. Wir mochten Fleisch und Milchprodukte, aber das kam uns einfach falsch vor. Wir wollten etwas verändern. Also wurden wir vegan.

Und nun Schluss mit den traurigen Fakten. Kommen wir zum Guten!

Die Entscheidung, keine tierischen Produkte mehr zu essen, war wirklich lohnenswert. Wir empfinden es nicht als Einschränkung. Wir ernähren uns äußerst vielseitig und genießen jegliche Geschmacksrichtung.

Seit wir vegan leben, sind wir weitaus offener in Bezug auf neue Gerichte. Da Fleisch, Milchprodukte und Fisch entfallen, haben wir uns mit unzähligen pflanzlichen Produkten vertraut gemacht. Wir sind neugieriger geworden, und deshalb ist auch unsere Ernährung abwechslungsreicher, als wir uns je hätten träumen lassen.

> Nichts tut der Gesundheit des Menschen so gut und erhöht die dauerhaften Überlebenschancen auf der Erde so sehr wie der Übergang zu einer vegetarischen Ernährung.

ALBERT EINSTEIN

Ian hat richtig Spaß daran, Gerichte zu „veganisieren". Vegane Köstlichkeiten zu kochen ist für uns Hobby, Erfüllung und Beruf zugleich. Wenn wir ein brandneues Gericht fertig haben – wenn es *perfekt* ist –, sind wir hin und weg: High-Fives, Ghettofaust und Jubelrufe in der Küche. So richtig stolz sind wir beispielsweise auf unseren **Crispy Chili-Tofu**, das Pendant zu Henrys präveganem Lieblingsgericht Crispy Chili Beef.

Trotz allem, was uns die Medien einreden, ist die Umstellung auf veganes Kochen sehr motivierend und zudem ausgesprochen einfach.

Kürzer duschen oder mit dem Badewasser die Toilette spülen, das hilft natürlich, die Erde zu retten. Eine Holzzahnbürste zu verwenden und konsequent Fahrrad zu fahren ist auch ein Beitrag. Aber auf Fleisch und Milch zu verzichten ist die wohl unmittelbarste Methode, den Planeten zu schonen. Eine pflanzliche (oder pflanzenbetonte) Ernährung ist einfach besser für unseren Planeten und reduziert den CO_2-Fußabdruck erheblich.

Selbst nicht-nachhaltig gewonnene pflanzliche Lebensmittel sind nachhaltiger als die nachhaltigsten tierischen Produkte.[39] Das rufen wir uns regelmäßig ins Gedächtnis, wenn wir Zutaten verwenden, bei denen es um Nachhaltigkeit und Transportwege eher schlecht bestellt ist.

Esst mehr Pflanzen.

Eine globale Umstellung auf rein pflanzliche Ernährung könnte die Treibhausgasemissionen um **zwei Drittel** senken und bis 2050 **8 Millionen Menschenleben** retten.[40] Rotes Fleisch ist für das **10- bis 40-fache** an Treibhausgasen verantwortlich im Vergleich zu Gemüse und Getreide.[41]

Für **100 g** Rindfleisch entstehen **105 kg** Treibhausgase, für **100 g** Tofu nicht einmal **3,5 kg**.[42]

Kühe erzeugen schlicht und einfach viel Methan, weil sie viel rülpsen und pupsen. Rinder mit Gras zu ernähren ist somit eine sehr effektive Methode, Treibhausgase zu erzeugen. Milchprodukte sind leider auch keine Lösung. Für einen Liter Kuhmilch werden rund 1 000 Liter Wasser benötigt, für dieselbe Menge Sojamilch nur 297 Liter Wasser.[43] Der am wenigsten nachhaltige pflanzliche Milchersatz ist im Hinblick auf Emissionen, Landverbrauch und CO_2-Fußabdruck immer noch erheblich nachhaltiger als die nachhaltigste Kuhmilch.[44]

Man sollte sich klarmachen, dass die Unterstützung der Milchproduktion auch die Fleischproduktion unterstützt.

Beides gehört zum selben Produktionsprozess, unterliegt denselben fragwürdigen Haltungsbedingungen, und das Fleisch ausgedienter Milchkühe wird zumeist verwertet. Kein schönes Leben ...

Dennoch sind Milchprodukte sehr beliebt. Frische Milch zum Müsli, geschmolzener Käse auf Toast, Schlagsahne zum Kuchen, Milchschokolade, Molkeproteine, Café latte ... die Liste ist lang. Milchprodukte sind so allgegenwärtig, dass sie oft nur schwer zu umgehen sind. Doch wer sich ein paar Stunden durch Blogbeiträge und Videos zu den ethischen, gesundheitlichen und umweltrelevanten Fragen rund um die Milchindustrie klickt, merkt schnell, dass Milchprodukte nicht besonders toll sind.

Die Alternativen haben sich in den letzten Jahren deutlich verbessert, und angesichts der erhöhten Nachfrage dürfte die Qualität weiter steigen, was den Übergang noch mehr erleichtert. Auf Seite 186 steht mehr zu pflanzlichen Alternativen, die wir regelmäßig nutzen.

WAS KANN VEGANE ERNÄHRUNG?

Jegliche Energie, die wir in Form von Nahrung zu uns nehmen, stammt aus Pflanzen. Das ist der Energiekreislauf, den man noch aus der Schule kennt. Wir können diese Pflanzen ernten und essen. Sie liefern uns die erforderliche Energie, Nährstoffe, Mineralstoffe und Vitamine (mehr dazu später).

Wenn wir Schlachtvieh züchten, nutzen wir diese effiziente Form der pflanzlichen Energie, um Kühe und Schafe aufzuziehen, die wir später essen wollen. Das ist weitaus ineffizienter! Als Lebewesen verbrauchen Tiere zunächst einmal die meiste Nahrungsenergie für ihre normale Aktivität. Daher landet nur ein Bruchteil der Nährstoffe und der Energie aus ihrem Futter in dem Fleisch, das wir kaufen. Rinder wandeln nur vier Prozent der Proteine und drei Prozent der pflanzlichen Kalorien aus ihrem Futter in Fleisch um.[45] 97 Prozent der Futterkalorien gehen vollständig verloren. Um ein Kilogramm Rindfleisch zu erzeugen, werden 13 000 Liter Wasser verbraucht – das ist sechsmal mehr als für Linsen.[46] Fleisch ist für 22 Prozent des Wasserverbrauchs verantwortlich.[47]

Laut Joseph Poore von der Universität Oxford werden 55 Prozent aller Landflächen landwirtschaftlich genutzt, 80 bis 85 Prozent davon für die Tierhaltung.[48] Wenn alle heutigen Weiden aufgeforstet werden würden, könnten diese Bäume Kohlendioxid binden und die Treibhausgase voraussichtlich um 30 bis 50 Prozent reduzieren. Zudem hätten wir über eine Milliarde Tonnen Getreide für uns Menschen übrig, wenn wir es nicht mehr an Tiere verfüttern würden.[49]

Eine pflanzliche Ernährung ist also nicht nur im Hinblick auf die Haltungsbedingungen der Tiere besser für die Erde, sondern auch, weil dadurch Land frei wird, in dem wilde Tiere frei umherstreifen können und Bäume wachsen, die der Atmosphäre wiederum Kohlendioxid entziehen. Renaturierung ist nach wie vor der beste Ansatz zur CO_2-Bindung und umfasst die Wiederherstellung natürlicher Wälder, Mangroven, Salzwiesen und Seegraswiesen. Diese Lebensräume eignen sich Forschungen zufolge am besten, um Kohlendioxid aus der Luft zu binden. Das würde der Klimakatastrophe und dem Artensterben gleichzeitig entgegenwirken.[50]

Natürlich möchten wir nicht behaupten, dass es ausreichen würde, wenn die ganze Welt plötzlich kein Fleisch mehr essen würde, man das eingesparte Tierfuttergetreide an die Hungrigen verteilt und wir obendrein noch Bäume pflanzen. Auf globaler Ebene sind komplexe politische Fragen zu bedenken, die Abläufe der Lebensmittelverteilung und natürlich die Geschäftsmodelle der Landwirte. Lokal müssen wir klären, wie man einen gesunden Boden erzielt, wie die Fruchtfolge aussehen muss und welche Lebensräume dabei zu schützen sind.

Es gibt keine Zauberformel, doch irgendwo in dieser Richtung dürfte die Lösung liegen. Die Fakten zeigen zumindest, wie ineffizient unsere gegenwärtige Proteinwahl ist und warum wir die Ressourcen damit buchstäblich aufzehren.

UND WAS WIRD AUS DER LAND- WIRTSCHAFT?

Anmerkung von Ian

Ich stamme aus einer größeren Stadt. Ich liebe Städte. Ich mag ihr Tempo, die Menschen, die Geschichte, die Architektur und die Energie. Das Land liebe ich allerdings auch. Zu meinem großen Glück durfte ich einen Teil meiner Kindheit in dem kleinen (wirklich sehr kleinen) Dorf Gunthorpe verbringen.

Meine Großeltern, Charlie und Winnie, hatten dort einen kleinen Bauernhof. An diesen Hof habe ich sehr gute Erinnerungen. Vieles davon rankt sich um die wunderbare Kochkunst meiner Großmutter, aber ich weiß auch noch, wie ich auf dem Hof herumgestromert bin und bei meinem Großvater auf dem Traktor saß, wenn er pflügte, säte oder erntete.

Im Rückblick begreife ich heute, welche Knochenarbeit das war. Alle Landwirte arbeiten hart, und wenn ich von „Knochenarbeit" spreche, meine ich nicht: „Ich war um neun Uhr im Büro, habe E-Mails geschrieben, dann kam eine Besprechung, ich habe noch ein paar Tabellen erstellt, und um halb sieben war ich wieder zu Hause." Was ich meine, ist: „Ich bin um halb fünf aufgestanden, auf eines meiner Felder abgezogen, habe dort geschuftet, bis es zu dunkel war, um noch weiterzumachen, und war um 22 Uhr zu Hause. Ab ins Bett und morgen wieder los. Jeden Tag."

Mir ist bewusst, wie hart die Landwirtschaft ist, und ich habe größten Respekt vor einer solchen Arbeitseinstellung. Dennoch bin ich davon überzeugt, dass manche Vorgehensweisen in der Landwirtschaft auf den Prüfstand gehören. Wenn mehr Menschen vegan leben möchten und vegane Produkte kaufen und zugleich die Nachfrage nach nicht-veganen Produkten zurückgeht, müssen wir der Landwirtschaft die nötigen Erkenntnisse, Instrumente und Anreize zukommen lassen, um die Umstellung zu bewältigen und dabei profitabel zu bleiben. Wir müssen mit den Erzeugern zusammenarbeiten, denn ihre enorme Einsatzbereitschaft und Erfahrung ist die zentrale Grundlage für die unvermeidliche Umstellung auf ein Leben auf Pflanzenbasis.

Bisher war viel von Fleisch die Rede. Wenden wir uns nun dem Meer zu.

In den letzten **40 Jahren** haben wir **die Hälfte allen maritimen Lebens** verloren.[51] **87 %** der Fischbestände sind überfischt.[52]

Wir haben **90 %** der großen Raubfische in den Weltmeeren getötet,[53] und man geht davon aus, dass die Hochseefischerei **2048 am Ende** sein wird.[54]

Ansteigende Wassertemperaturen zerstören die Korallenriffe, die bis **2050** sämtlich verloren sein dürften.[55]

Die Fischerei ist außerordentlich ineffizient. Auf **1 kg** gefangenem Fisch werden bis zu **5 kg** Meeresbewohner als unerwünschter Beifang entsorgt.[56]

ERNÄHRUNG UND BEVÖLKERUNGSWACHSTUM

Ist unsere gegenwärtige Ernährungsform wirklich nachhaltig? Immerhin wird der Nahrungsbedarf in den nächsten Jahrzehnten weiter steigen, denn bis 2050 werden über neun Milliarden Menschen die Erde bewohnen – ein Drittel mehr als heute.[57]

Wovon sollen sie leben? Von Fleisch? Nein. Um jeden Preis noch mehr Fleisch zu erzeugen ist keine gute Idee. Das führt nur zu noch mehr Flächenverbrauch, vernichtet noch mehr Wald und Biodiversität und kurbelt den Klimawandel weiter an.[58] Wenn wir Getreide an Vieh verfüttern, treibt die Nachfrage den Getreidepreis in die Höhe, was den Ärmsten dieser Welt das Leben noch schwerer macht. Würden wir das gesamte Getreide den Menschen geben, könnten weitere 3,5 Milliarden Menschen satt werden.[59]

Laut dem Oxfordprofessor Joseph Poore stammen **61 %** der gegenwärtigen Emissionen aus fossilen Brennstoffen. Einige Schätzungen schreiben **40 %** der bisherigen Erderwärmung der Abholzung zugunsten der Erzeugung tierischer Produkte zu.

Derzeit sind **25 000 Arten** aufgrund der Landwirtschaft vom Aussterben bedroht. Wenn Landstriche frei werden, die gegenwärtig für die Tierhaltung benötigt werden, lässt der Druck in der globalen Biodiversitätskrise etwas nach. Gleichzeitig sinkt die Nitrat- und Phosphatbelastung, und der saure Regen nimmt um **ein Drittel** ab.

Eine pflanzliche Ernährungsweise senkt den Frischwasserbedarf für die Lebensmittelproduktion um **25 %**.[60]

Ja, es gibt interessante Fortschritte bei Fleisch aus dem Labor, das preisgünstiger und tierfreundlicher erzeugt werden könnte. Viele Menschen hoffen auch auf Insektenproteine, wobei wir es moralisch immer noch fragwürdig finden, tonnenweise Insekten zu züchten und zu töten. Beide Alternativen bleiben zudem noch verarbeitete Nahrungsmittel aus dem Labor.

Und was ist mit Soja? Für Anhänger einer pflanzlichen Ernährung ist Soja eine hervorragende Proteinquelle. Gleichzeitig werden ausgerechnet für den Sojaanbau die Regenwälder abgeholzt. Dieses Argument wird von Anti-Veganern zwar gern ins Feld geführt, doch derzeit enden etwa 70 Prozent der Weltsojaernte als Viehfutter. Nur sechs Prozent werden vom Menschen verzehrt.[61]

Kurz und gut: Pflanzliche Ernährung ist besser für die Erde und reduziert Emissionen. Sie setzt Flächen frei, die renaturiert werden können und dann Kohlendioxid binden und mehr Biodiversität zulassen. Und all das Getreide und Soja, das wir gegenwärtig an Tiere verfüttern, könnte genutzt werden, um den Ärmsten zu helfen. Das Wasser, das nicht mehr für die Tierzucht gebraucht würde, könnte für die Bewässerung der Felder eingesetzt werden.

Natürlich ist uns bewusst, dass es insgesamt deutlich komplizierter ist. Es gibt gute Höfe und schlechte Höfe, und die Anbaumethoden sind weltweit sehr unterschiedlich. Wir alle kennen Menschen, die Hühner als eierlegende Freunde im Garten halten. Das ist nicht zu vergleichen mit einer 1000-köpfigen Hühnerbatterie, die nie das Tageslicht sieht.

Auch beim Gemüse gibt es umstrittene Anbaumethoden, und wir plädieren keineswegs für noch mehr Monokulturen.

Egal aus welcher Quelle jemand Fleisch, Fisch oder Milchprodukte bezieht – es ist stets weniger umweltfreundlich als pflanzliche Produkte.

Ein pflanzliches Gericht ist nachhaltiger als jedes Gericht mit tierischen Produkten. Je öfter du also Pflanzen isst, desto besser.

SOJA

SCHLECHT FÜR MICH UND FÜR DEN PLANETEN?

Manche Menschen betrachten Soja als extrem gesundheitsfördernd, andere sehen es kritisch oder sind dagegen allergisch. Auch global betrachtet gibt es unterschiedliche Meinungen, wie Soja für den menschlichen Bedarf die Gesundheit der Erde beeinflusst. Manche sehen darin ein Allheilmittel für unsere Umweltprobleme, andere verweisen auf die Abholzung der Regenwälder. Beides wollen wir uns näher ansehen.

Im richtigen Verhältnis ist Soja nicht ungesund.

Gewisse Untersuchungen in den 1990er Jahren unterstützen die These, dass Soja dem Hormonhaushalt schaden könnte. Das wurde daraus abgeleitet, dass Soja östrogenähnliche Bestandteile enthält, und man befürchtete, es könne bei Männern und Frauen in unterschiedlicher Form das hormonelle Gleichgewicht stören. Diese Studien sind inzwischen weitgehend widerlegt. Neuere Arbeiten besagen, dass ein mäßiger Verzehr von Sojaprodukten sogar vorteilhaft sein kann.[62]

Es lässt sich nicht einmal eine Korrelation nachweisen, also sind wir hier auf der sicheren Seite.

Soja ist vielmehr eine sehr ausgewogene, gesunde pflanzliche Proteinquelle. Als vollständiges Protein liefert Soja alle neun essenziellen Aminosäuren (mehr dazu auf Seite 152) und ist eine gute Quelle für Omega-3-Fettsäuren, Eisen, Zink und Kalzium.

Für Sojaanbau wird der Regenwald abgeholzt, aber dieses Soja wird zu Viehfutter.

Jeden Tag gehen signifikante Flächen des Amazonas-Regenwalds verloren, dessen Bäume für das Überleben des Planeten unverzichtbar sind. Dieser Wald ist die grüne Lunge der Welt, und sein Verlust trägt maßgeblich zum Klimawandel bei.

Nach der Abholzung werden dort insbesondere große Sojamonokulturen angelegt. Mit diesem Argument will man Veganern aufzeigen, dass Sojamilch auch keine Lösung ist. Aber das stimmt so nicht!

80 % des Sojas, das auf ehemaligen Regenwaldflächen wächst, fressen unsere Tiere.[63] Bis zu 90 % der Regenwaldverluste dienen der Erzeugung tierischer Lebensmittel.[64] Ganze 6 % der globalen Sojaernte verzehren wir Menschen direkt.[65] Einerseits stimmt es also, dass die riesigen Sojafelder in großem Maßstab den Regenwald zerstören, aber die Nachfrage dafür stammt aus der industriellen Viehhaltung.

Und bei der Abwägung, ob Soja oder tierische Proteine wie Rindfleisch die Umwelt stärker beeinträchtigen, sollte all das Soja berücksichtigt werden, das ein Tier im Laufe seines Lebens gefressen hat. Von diesem Standpunkt aus erscheint der Vergleich absurd. Ein Tier aufzuziehen ist eine weitaus ineffizientere Methode, Proteine zu gewinnen, weil nur ein Bruchteil der aufgewendeten Energie am Ende in Form von Fleisch zur Verfügung steht (siehe Seite 48).

Was auch immer man dir also einreden möchte: Du darfst guten Gewissens Soja essen und musst dich dabei weder um deine Gesundheit noch um die Umwelt sorgen. Es ist gut für den Körper und – unter Einbeziehung aller Faktoren – deutlich umweltfreundlicher als die vergleichbare Menge tierischer Proteine. Miso, Sojasauce, Sojamilch, Edamame, Tofu oder Tempeh können deine Ernährung wunderbar bereichern. Wir empfehlen dringend, sich mit Soja zu arrangieren. Es hat seinen schlechten Ruf nicht verdient und ist in Wahrheit Teil der Lösung, nicht Teil des Problems.

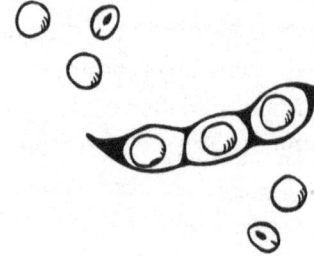

Wir können buchstäblich die Welt retten, indem wir mehr Pflanzen essen.

KANN ICH WIRKLICH ETWAS BEWIRKEN?

Als wir unserem Freund Naushard erzählten, dass wir nun Veganer seien, entdeckte er sofort den Haken. Unser Motiv war der Klimawandel. Also erklärte er uns mit einem teuflischen Glitzern in den Augen mehr oder weniger scherzhaft, sich ab sofort für jedes Steak, das wir weniger äßen, *zwei* Steaks zu gönnen.

Gut gekontert! Naushard ist ein Witzbold. Aber sehen wir uns diese Drohung einmal näher an. Er fand es nicht nur unlogisch, dass unser Verzicht auf Fleisch eine positive Wirkung haben könnte. Obendrein glaubte er, dass es überhaupt keinen Unterschied machen würde. Und er drohte uns, genau dafür zu sorgen, indem er genau so viel Fleisch *mehr* essen würde, wie wir *weniger* äßen. Witzig. Und zugleich fies.

Als wir Naushard neulich wiedersahen, staunten wir, dass er auch kein Fleisch mehr isst. „Ich esse keine Steaks mehr. Fisch, ja, aber keine Steaks."

Sein Einlenken war ein echter Schock für uns. Er ist einfach nicht der Typ, eine Entscheidung umzuwerfen. Normalerweise hätte er um jeden Preis versucht, seinen Scherz durchzuhalten, einfach aus Spaß. Und nun gestand er uns, dass er nicht nur sein Versprechen gebrochen, sondern sogar eine Kehrtwende gemacht hatte. Er war in unser Lager gewechselt!

Naushard ist nicht der Einzige. Das ist super und zählt zu den befriedigendsten Aspekten unserer Arbeit. Jeder Veganer hat eine vergleichbare Geschichte auf Lager, und das beweist, dass man sein Umfeld tatsächlich beeinflussen kann. Jeder von uns beeinflusst jede Person, mit der er oder sie in Kontakt kommt. Im Umkehrschluss heißt das auch, dass das System sich nicht ändert, ehe wir uns ändern. Nicht selten sehen wir, dass gerade diejenigen, die einen anfangs am meisten verspotten, am Ende mitmachen – so wie Henry, der Ian zunächst auslachte!

Jede große Veränderung beginnt mit einer Handvoll Menschen, die sich für eine bessere Welt einsetzen.

Ob die Gründung der Vereinten Nationen als Friedenswahrer nach dem Zweiten Weltkrieg,[66] die Abschaffung der Sklaverei oder die Abkehr vom Rauchen: Jede Bewegung für eine bessere Welt wurde von einigen Vorreitern eingeleitet, die ihre persönlichen Ansichten und Handlungen änderten und so die Ansichten anderer beeinflussten.

Ein Mensch kann sein Umfeld beeinflussen. Und mit der Zeit wird dieses Umfeld weitere Menschen beeinflussen. Wer etwas verändern möchte, fängt am besten bei sich selbst an. Verändere zuerst dich selbst – denn das steht in deiner Macht.

Unsere erste Antwort auf die Frage, warum wir Veganer sind, lautet zumeist: „Um unangenehme Diskussionen mit unseren ungeborenen Kindern zu vermeiden." Unsere Generation – und die unserer Eltern – hat das größte Artensterben der jüngeren Geschichte mitzuverantworten, und es ist die nächste Generation, die den Preis dafür zahlen wird.

Mit verantwortungsvollen Entscheidungen kann man wirklich etwas bewirken.

Die Erhaltung des Planeten und der Zukunft nachfolgender Generationen ist wohl das Beste, was wir heute für ihr Glück beitragen können. Die gegenteiligen Vorhersagen über die weitere Entwicklung sind einfach zu erschütternd. Wir sind es der Jugend schuldig, etwas gegen den Klimawandel zu unternehmen, ehe es zu spät ist. Denn sie werden die Konsequenzen unseres Handelns zu spüren bekommen. Sie müssen unser Tun ausbaden. Was werden sie eines Tages zu uns sagen? „Was hast du getan, als wir den Klimawandel noch hätten stoppen können, Papa?"

Die Verantwortung zu leugnen, indem wir uns einreden, dass dieses Problem zu groß für uns ist oder schon vor uns angefangen hat, wäre sicher einfacher. Aber wie lange existiert der Mensch, und seit wann verändert sich das Klima so massiv?

Die Zivilisation begann vor 12 000 Jahren, doch erst seit 140 Jahren verbrauchen wir fossile Brennstoffe, die für einen Großteil der gegenwärtigen Probleme verantwortlich sind. Was wir heute über den Klimawandel wissen, ist erst seit 30 Jahren bekannt, und wir hätten auch beinahe etwas dagegen getan. Aber nur beinahe. Und dass wir nicht längst alles Menschenmögliche getan haben, macht es nur schlimmer. Uns bleiben wenige Jahrzehnte, um die absolute, unwiderrufliche Katastrophe abzuwenden. Jetzt geht es um alles.[67]

Wir können uns nicht passiv zurücklehnen. Lasst uns versuchen, die Wunden zu heilen, die wir der Erde geschlagen haben – und dabei köstlich zu speisen!

MIT DEM GELDBEUTEL ABSTIMMEN

Jeder Euro, den du ausgibst, zeigt, welche Welt du dir wünschst. Alles, was du kaufst, treibt die Wirtschaft an. Jedes pflanzliche Produkt, das du erwirbst, signalisiert der Weltwirtschaft, dass du mehr pflanzliche (und damit nachhaltigere) Produkte willst. Und jedes tierische Produkt, das du erwirbst, signalisiert der Weltwirtschaft, dass du weiterhin tierische Produkte konsumieren möchtest, die bekanntlich deutlich schlechter für die Erde sind.

Damit wir langfristig überleben, müssen wir unser Geld so ausgeben, dass sich etwas ändert. Wenn genügend Menschen Nachfrage aufbauen, können wir Druck von der Erde nehmen. Wir können sie wieder langsam abkühlen lassen, während sich das Tierreich erholt.

JETZT BIST DU DRAN

Bitte überlege dir, wie jeder Mensch mit einfachen Kaufentscheidungen zu einer echten Veränderung beitragen kann.

- Wofür gibst du dein Geld aus?
- Wozu fordert dein Geld die Wirtschaft auf?
- Mit welchen Veränderungen kannst du die Lebensmittelhersteller überzeugen, sich nachhaltiger zu verhalten?
- Falls du Fleisch isst – wie oft?
- Meinst du, du könntest das zurückschrauben?

Der nächste Schritt geht uns alle an. Wir stehen an einem Wendepunkt in der Geschichte der Erde, einem Punkt, an dem wir für uns und für das künftige Leben auf der Erde die Verantwortung übernehmen müssen.

Jeder und jede kann etwas ändern. Und zwar jetzt. Unsere wunderbare Natur und das Leben unserer Kinder und Enkel und aller künftigen Generationen sind von unserem Tun abhängig.

SIR DAVID ATTENBOROUGH

GRETA THUNBERG

2018 protestierte die damals 15-jährige schwedische Schülerin Greta Thunberg vor dem Parlament für dringend erforderliche Klimaschutzmaßnahmen. Die Medien wurden darauf aufmerksam, und bald schon inspirierte sie Hunderttausende Schüler auf der ganzen Welt zu „Schulstreiks fürs Klima" nach ihrem Vorbild. Im März 2019 hatten sich geschätzt 1,4 Millionen Schüler und Schülerinnen aus 112 Ländern ihrem Protest angeschlossen. An einem weiteren globalen Schulstreik im Mai 2019 waren 125 Länder beteiligt. Gretas leidenschaftlicher Einsatz für ihre Sache führte zu einer Nominierung für den Friedensnobelpreis. Ihr Einfluss ist so weitreichend, dass er inzwischen als der „Greta-Thunberg-Effekt" bezeichnet wird.

Greta hat inzwischen einen TEDx Talk gemeistert, beim Klimagipfel der Vereinten Nationen gesprochen und viele internationale Veranstaltungen besucht, bei denen einige der mächtigsten Menschen der Welt anwesend waren. Damit zeigt sie sehr eindrucksvoll, was eine einzige Person bewirken kann. Vor den Regierungen dieser Welt, vor all den Menschen, die alt genug sind, ihre Eltern, Großeltern oder Urgroßeltern zu sein, ist Greta für das eingestanden, woran sie glaubt. Und das bleibt nicht ohne Echo.

2

GUT
FÜR
DICH

DU PROFITIERST HÖCHST-PERSÖNLICH

Das wirklich Erfreuliche am veganen Leben ist, dass die Rettung des Planeten damit überaus angenehm ist. Viele Menschen fühlen sich bei pflanzlicher Ernährung wohler. Sie trägt zu einem langen, glücklichen, gesünderen Leben bei und schmeckt genauso gut wie gewohnt. Zugleich ist sie oft billiger und einfacher.

Vielleicht ist das die beste Entscheidung deines Lebens.

Einmal trafen wir nach einem gemeinschaftlichen Kochabend einen Uber-Fahrer. Er war bestimmt einer der freundlichsten Menschen der Welt. Aber er erzählte uns eine Geschichte. Fünf Jahre zuvor litt er unter furchtbaren Nebenhöhlenentzündungen. Er hatte alles versucht. Er konnte nicht atmen. Er konnte nicht schlafen. Sein Gesicht glühte, und die Augen waren ständig am Tränen. Nichts hatte geholfen, und er wusste nicht mehr ein noch aus. Er war völlig am Ende. Da schlug ihm jemand eine vegane Ernährung vor, aber das ignorierte er.

Allerdings litt er so sehr, dass sein Leben wie auch das seiner Freunde und seiner Familie ernsthaft beeinträchtigt war. So konnte es nicht weitergehen. Er wollte nicht mehr leben. Da sagte er sich, in dem Fall könne er auch Veganer werden.

Er strich Fleisch, Fisch, Milchprodukte und Eier und aß stattdessen viel Gemüse und frische Produkte. Nach wenigen Wochen heilte die Entzündung ab. Es ging ihm immer besser. In den Jahren darauf nahm er ab und erzählte seine Geschichte überall herum. Er hatte nur seine Ernährungs- und Lebensweise verändert. Solche Geschichten hören wir sehr oft.

Wir bekommen ständig Nachrichten von Menschen, deren Gesundheit von der Umstellung auf eine rein pflanzliche Ernährung enorm profitiert hat. Ob Asthma oder Übergewicht – wir hören regelmäßig Erzählungen wie die unseres Uber-Fahrers. Hör dich selbst um, dann wirst du auf diverse persönliche Anekdoten stoßen, dass es Menschen mit veganer Ernährung deutlich besser geht.

Aus eigenem Erleben können wir das nur bestätigen. Nachdem wir Fleisch und Milchprodukte gestrichen hatten, ging es uns bestens. Nach ein paar Tagen hatten wir das Gefühl, eine Superpower befreit zu haben – wir fühlten uns „leicht" und hatten mehr Energie denn je. So geht es uns bis heute, und wir blicken nur nach vorn.

Das Nachmittagsloch? Schnee von gestern. Dieses unangenehme Gefühl nach zu viel fettem Essen? Ebenfalls weg. Morgens nicht in Gang kommen? Kommt nicht mehr vor. Auch Henrys sehr belastender Heuschnupfen ist weitgehend verschwunden. Früher hat er im Sommer schwer gelitten – tränende Augen, Niesanfälle, ständige Müdigkeit – und brauchte täglich Antihistamine. Heute beschränken sich seine Probleme auf vier bis fünf Tage im Jahr, wo der Pollenflug besonders hoch ist. Vegan zu werden war die beste Entscheidung unseres Lebens!

So weit die guten Nachrichten. Und die finden wir verdammt gut. Das, was jeder tun kann, um zur Rettung der Erde beizutragen und den Klimawandel womöglich noch aufzuhalten, ist zugleich ein unglaublich positiver Schritt für uns selbst. Mit dem es vielen besser geht als je zuvor.

Du darfst dein Leben genießen. Solange dein Kuchen vegan ist.

VEGAN IST GESÜNDER

Interessanterweise halten manche Menschen eine vegane Ernährung für ungesund, obwohl die übliche Ernährung viel ungesünder ist. Stark verarbeitet, viel Fett, wenig Obst und Gemüse ... Bei hohem Cholesterinspiegel und Bluthochdruck ist eine pflanzliche Ernährung optimal zur Cholesterinsenkung. Pflanzen enthalten keinerlei Cholesterin.[68]

Bei einer veganen Ernährung verzehrst du regelmäßig eine Vielzahl an pflanzlichen Lebensmitteln. Deshalb ist es so einfach, sich dauerhaft vegan zu ernähren – man kann viel mehr wunderbare Zutaten einbeziehen, als wenn die Ernährung auf tierischen Produkten fußt. Kochen auf Pflanzenbasis ermuntert zu einem experimentellen, abenteuerlustigen Vorgehen – das lieben wir!

Pflanzliche Lebensmittel wie
Obst, Gemüse, Nüsse, Hülsenfrüchte und Samen unter-
stützen nachweislich die Behandlung vieler chronischer
Erkrankungen und gehen häufig mit geringeren Fallzahlen
bei Typ-2-Diabetes, weniger
Bluthochdruck, niedrigerem
Cholesterinspiegel und weniger
Krebserkrankungen einher.[69]

DIABETES UK

Pflanzliche Lebensmittel sind reich an Ballaststoffen, Antioxidantien, Folsäure und verschiedenen Phytonährstoffen, die allesamt der Gesundheit guttun. Häufig liefert eine vollwertige pflanzliche Ernährung auch weniger Kalorien, weshalb es leichter fällt, ein gesundes Körpergewicht zu halten, und Übergewicht sich von selbst abbaut (sagen viele und war auch bei uns so).

Falls du um deine Energie oder um deine sportliche Leistungsfähigkeit bangst: Viele Spitzensportler sind auf vegane Ernährung umgestiegen, unter ihnen erstklassige Fußballer, Basketballathleten, Boxer und Tennisspieler. Sie sagen einmütig, dass sie sich bei pflanzlicher Ernährung nach dem Training besser erholen und ihre Verdauung davon profitiert. Das überzeugendste Beispiel ist sicher der deutsche Kraftsportler Patrik Baboumian, der seit 2011 vegan lebt und seither Rekorde bricht. Solche inspirierenden veganen Waschbrettbauchtypen (und ihre weiblichen Pendants) sind unglaubliche Vorbilder, für die wir sehr dankbar sind.

Zahllose Studien untermauern, dass eine ausgewogene pflanzliche (oder weitgehend pflanzliche) Ernährung für den Körper das Beste ist und vorzeitige Todesfälle durch chronische Erkrankungen um bis zu 20 Prozent reduzieren kann.[70] Diese Studien stammen von objektiven Quellen wie der Weltgesundheitsorganisation (WHO), den Vereinten Nationen (UN),[71] den Universitäten Harvard[72-73] und Oxford[74] sowie fortschrittlichen Regierungen wie der von Kanada, die Milchprodukte von der Liste der empfehlenswerten Lebensmittel gestrichen hat und zu 90 Prozent pflanzliche Produkte empfiehlt.[75]

Industriell verarbeitetes Fleisch und Fisch scheinen das **Brustkrebsrisiko** zu erhöhen.[76] Der Verzehr von rotem Fleisch erhöht deutlich das Sterberisiko durch Krebs oder Herzkrankheit.[77]

Pflanzliche Ernährung gilt zunehmend als die gesündere Alternative, denn **Arteriosklerose** (Plaque-Ablagerungen in den Gefäßen) im Zusammenhang mit einem **hohen Fleisch-, Fett- und Kohlenhydratverzehr** ist in den USA die führende Todesursache.[79]

Die WHO stuft **rotes Fleisch** und **Wurstwaren** inzwischen als **krebserregend** ein.[73]

Die amerikanische Lebensmittel- und Gesundheitsbehörde FDA rät Schwangeren, stillenden Müttern und Kindern vom Verzehr bestimmter **Fischarten** und **Meeresfrüchte** ab, die teilweise schädliche Mengen **Quecksilber** enthalten.[80]

Mit pflanzlicher Ernährung kannst du den Planeten retten und gesünder werden.

99

Die Grundregeln für eine gesunde Ernährung sind einfach: Esst unverfälschte, intensiv gefärbte, weitgehend pflanzliche Lebensmittel mit hochwertigen Fetten und reichlich Ballaststoffen.

DR. RUPY AUJLA

Eat to Beat Illness

SCHUTZ VOR BAKTERIEN

Eine pflanzliche Ernährung ist sehr hygienisch! Fehler bei der Lagerung und Zubereitung von rohem Fleisch und Geflügel, rohen Eiern, Muscheln, nicht pasteurisierter Milch und Produkten wie Wurst, Pâté oder Weichkäse können unangenehme Folgen haben.[81] Bei Pflanzen fällt das weg. Eine Lebensmittelvergiftung durch tierische Produkte ist leider Pech. Eine Lebensmittelvergiftung durch pflanzliche Produkte kann nur auftreten, wenn jemand in der Küche sich nicht ordentlich die Hände gewaschen hat.[82]

Kolibakterien, die als Marker für eine Kontamination durch Fäkalien gelten, gelangen in der Regel über Fleisch ins Haus, das häufig mit Fäkalbakterien belastet ist.[83] Pflanzliche Produkte sind um Längen sauberer, sodass eine vegane Küche eine sauberere Küche ist.

Und natürlich hast du auch ein reineres Gewissen. Mit einer pflanzlichen Ernährung lebst du automatisch nachhaltiger. Dieser Seelenfrieden und diese Klarheit sind viel wert – beides genießen wir sehr! Unsere Ernährung entspricht unseren Werten. Plötzlich kam uns alles viel sinnvoller vor, und wir konnten auch in anderen Lebensbereichen klügere Entscheidungen treffen.

Derzeit schält sich ein neuer Verbrauchertyp heraus, nämlich Menschen, die mehr auf ihre Gesundheit und die Umwelt achten, bereitwillig ihre Ernährung umstellen und bewusst vegan, vegetarisch oder als Flexitarier leben. Unsere Freundin Zanna Van Dijk ist Influencerin im Fitnesssektor und fand klare Worte dafür:

„Die pflanzliche Ernährung hat mir eine völlig neue Einstellung beschert. Endlich entsprach mein Handeln meinen Werten. Ich kann mich Tieren und Menschen einfühlsamer zuwenden und tiefer in Kontakt treten.

Auch die Umwelt weiß ich mehr zu schätzen und nehme bei allem Tun stärker wahr, welchen Einfluss es auf andere und auf die Natur hat. Mir wurde klar, dass ich Teil von etwas Größerem bin, dass meine Entscheidungen nicht nur mich betreffen und dass mit der Selbstverantwortung als Mensch auch Macht einhergeht."

SPARSAMER LEBEN

Im Vergleich zu durchschnittlichen Fleischessern können Vegetarier pro Jahr viel Geld sparen,[84] und zwar besonders im Vergleich von pflanzlichen Lebensmitteln mit gutem Fleisch aus anständiger Tierhaltung. Wer auf das Geld achten muss, sollte vorgefertigte, abgepackte vegane Produkte meiden und vornehmlich auf Gemüse, Getreide und Selberkochen setzen – was ohnehin am gesündesten ist.

Wenn wir knapp bei Kasse sind, achten wir auf gute Planung. Inzwischen machen wir das auch, weil es einfach sinnvoll ist (mehr zur Einkaufsplanung auf Seite 232). Ian erinnert sich noch gut an seinen Umzug nach London. Damals verdiente er sehr wenig. Er liebte seine Arbeit und das Leben in London, aber nach Abzug der Miete und der laufenden Kosten blieb nicht viel übrig. Beim Sichten seiner Ausgaben entdeckte er schnell, dass er zu viel für Essen ausgab. Um sich dieser Herausforderung zu stellen und günstiger zu essen, ging er es spielerisch an. Rein spaßeshalber setzte er sich ein strenges Limit: fünf Mittagessen à ein Britisches Pfund! Das klingt absurd, doch er sagte sich: „Ich bin aus Yorkshire, Genügsamkeit liegt mir im Blut." Mit etwas Kreativität, Mut und der passenden Einstellung kann man auch mit wenig Geld gut satt werden. Das gilt für Veganer genauso.

Als wir auf veganes Leben umstellten, aßen wir anfangs vor allem Nudeln, um billig satt zu werden. Wir experimentierten mit Saucenrezepten herum, von denen die beste Variante als **Easy-Peasy-Pasta** in unserem ersten Buch landete und mittlerweile auf der ganzen Welt nachgekocht wird.

Als Nebeneffekt dürftest du bei so viel Ballaststoffen und bunten, nährstoffreichen Pflanzen langfristig Geld für ärztliche Versorgung und Medikamente sparen. Dein Körper wird deutlich besser in Form bleiben. Wenn mehr Menschen bei der Ernährung auf Pflanzen setzen würden, ließen sich Jahr für Jahr Milliarden einsparen.[85]

BULLSHIT- DETEKTOR EINSCHALTEN ...

... und immer dabeihaben.

Eine rein pflanzliche Ernährung und die vegane Bewegung insgesamt werden in der Presse derart negativ dargestellt, dass jemand, der sich als Veganer outet, sofort „gut gemeinte" Ratschläge erhält. Manches davon mag sogar sinnvoll anmuten.

Jeder kennt Menschen, die nie zum Arzt gehen. Und es gibt viele Influencer in den sozialen Medien, die blind zum neuesten Ernährungs-, Gesundheits- oder Fitnesstrend aufrufen. Verlass dich nie auf Gesundheits- oder Ernährungskonzepte von Leuten ohne jede Qualifikation! Und scheue nicht vor einem Arztbesuch zurück. Ärzte sind klasse. Sie helfen uns.

Wobei natürlich auch Ärzte nicht immer den Durchblick haben. Beispielsweise haben sie im Studium bisher einfach nicht genug über Ernährung gelernt, was Menschen wie unsere Freunde Dr. Rupy Aujla über *The Doctor's Kitchen* oder Hazel Wallace über *The Food Medic* zu ändern versuchen.

Doch gerade Allgemeinmediziner reagieren in Bezug auf vegane Ernährung eher zurückhaltend. Andererseits beherrschen Ärzte die Kunst der Medizin. Der echten Medizin. Sie kennen sich ausgezeichnet mit dem Körper und der Gesundheit aus und haben gelobt, anderen zu helfen.

Also nutze das! Wende dich mit individuellen Fragen zu Gesundheit und Ernährung stets an deinen Arzt oder deine Ärztin. Vielleicht findest du jemanden, der selbst Veganer oder Vegetarier ist und dich gezielt beraten kann. Achte auf dich. Und wenn du immer noch Zweifel hast, hole eine Zweitmeinung ein – aber eine medizinisch fundierte.

Auch eine qualifizierte Ernährungsberatung könnte dir weiterhelfen. Achte dabei bitte auf die jeweilige Ausbildung der Anbieter. Im Internet können auch unerfahrene Leute ein Zertifikat zum Ernährungsberater erwerben. Deshalb solltest du nur akkreditierte, glaubwürdige Profis aufsuchen, die von realen Personen empfohlen werden oder eigene Veröffentlichungen vorweisen können. Sieh beim Erstgespräch ebenso genau hin wie bei Empfehlungen durch Mund-zu-Mund-Propaganda.

Ein Rat ist nichts weiter als ein Rat. Stell Fragen, hör auf deinen Bauch und lerne dazu.

Vegan ist vielleicht nicht der einzige Weg, aber es ist ein guter Weg.

Eine ideale Ernährungsform für den Menschen gibt es nicht. Auf der japanischen Insel Okinawa essen die Menschen vor allem Pflanzen, aber auch etwas Fisch und Fleisch.[86] Die Ernährung auf Okinawa gilt als eine der gesündesten der Welt.

Eine gut ausgewogene vegane Ernährung ist nicht die einzige Hoffnung auf ein langes Leben. Sie gehört aber sicherlich in die Spitzengruppe. Und sie ist einfach.

Das Einfachste daran sind die Regeln, auf die wir im nächsten Kapitel zu sprechen kommen. Wer diese Regeln befolgt, schafft optimale Bedingungen für seinen Körper. Das ist einfacher als Kalorien zu zählen, Mahlzeiten zu fotografieren, Makronährstoffe auszubalancieren oder weniger Fleisch zu essen. Ein schlichtes Nein – zu allen tierischen Produkten – reicht aus.

Aus wissenschaftlicher Sicht kann vegane Ernährung zu Prävention und Linderung von Krankheiten beitragen und uns zu einem längeren, glücklicheren, gesünderen Leben verhelfen. Vor allem aber ist sie das beste uns bekannte Mittel gegen den Klimawandel. Mit Pflanzen auf dem Teller tust du also dem Körper einen großen Gefallen und rettest zugleich die Welt.

Insgesamt läuft es auf eine klare Entschei-dung hinaus: Mit dem „Nein" zum Tier auf dem Teller geht es dir körperlich besser, und du rettest die Welt.

3

UNKOM-PLIZIERT

STOLPERFALLEN

AUSGEWOGEN

Eine durchdachte pflanzliche Ernährung gilt als eine der besten Ernährungsformen für Mensch und Erde. Doch auch veganes Essen kann ungesund sein. Chips und Kekse sind auch vegan! Unser wichtigster Rat in Bezug auf vegetarische oder vegane Ernährung ist, „bunt" zu essen. Iss reichlich naturbelassene Pflanzen in allen Farben und meide blasse, stark verarbeitete Kohlenhydrate. Mit kluger Planung passt eine vegane Ernährung in alle Lebensphasen.

Im Gegensatz zu allem, was du gehört haben magst, treten viele Nährstoffmängel bei Menschen, die sich pflanzlich und abwechslungsreich ernähren, deutlich seltener auf als bei einer Standardernährung.[87] Denn mit einer Vielfalt an Hülsenfrüchten, Blattgemüse, Vollkorn, Früchten und Gemüse bekommt man automatisch reichlich Ballaststoffe, Kalium, Magnesium, Vitamine, Antioxidantien und Proteine.

Und das alles braucht der Körper. Außerdem enthalten Pflanzen keinerlei Cholesterin. Du glaubst uns nicht? Dann glaubst du vielleicht der American Academy of Nutrition and Dietetics als größtem Berufsverband der Ernährungsberater und -wissenschaftler. Dort heißt es, vegetarische und vegane Ernährungsformen seien „gesund, vom Nährwert her angemessen und könnten für die Prävention und Behandlung bestimmter Erkrankungen vorteilhaft sein."[88] Auch die British Dietetic Association stuft pflanzliche Ernährungsformen als gesund für alle Altersstufen ein.[89] Allerdings sind wir weder Ernährungsberater noch Ärzte. Bitte sprich bei persönlichen Gesundheitsfragen mit deinem Arzt.

Über eine vielseitige vegane Ernährung kann man alle Nährstoffe bis auf einen aufnehmen, nämlich Vitamin B_{12}. Das liegt daran, dass dieses Vitamin von Bodenbakterien erzeugt wird und unsere Nahrung und unser Wasser heutzutage (zum Glück) nicht mit Erde verunreinigt sind. Da Tiere mitunter Erde mitfressen oder Ergänzungsmittel erhalten, enthält Fleisch Vitamin B_{12}. Das ist übrigens kein reines Veganer-Problem, denn 39 Prozent der Bevölkerung haben einen niedrigen Vitamin B_{12}-Spiegel.[90] Deshalb wird der Bedarf über angereicherte Milchprodukte, Nährhefe, Marmite-Paste oder Nahrungsergänzungsmittel gedeckt.

Bestimmte Nährstoffe lassen sich jedoch über tierische Produkte leichter aufnehmen, weshalb man vor allem die Kalzium- und Omega-3-Zufuhr im Blick behalten sollte. Wichtig ist auch eine ausreichende Eisen-, Zink- und Vitamin-D-Versorgung.[91] Auch das ist kein rein veganes Problem.

Kalzium ist ein häufig erwähntes Thema. Bitte trink genug mit Kalzium angereicherte Milchersatzprodukte und iss grünes Blattgemüse. Dasselbe gilt für Eisen, das vor allem in Vollkorngetreide, Nüssen, Samen, Bohnen und grünem Blattgemüse steckt.

Weil auch wir nicht ständig aufschreiben wollen, was wir essen, nehmen wir sicherheitshalber jeden Tag ein Multivitaminpräparat zu uns. Da gibt es auch schon spezielle Produkte für Veganer. Den Omega-3-Bedarf decken wir über Leinsamen und Chiasamen und gelegentlich ein Omega-3-Präparat auf Algenbasis. Und wenn wir mal zu lange nicht an die Sonne kommen, nutzen wir ein Vitamin-D-Spray.

Jede Ernährungsweise hat ihre Tücken: Die westliche Standardernährung enthält zu wenig Ballaststoffe,[92] und viele Leute entwickeln Probleme mit dem Cholesterin. Die Mittelmeerdiät kann wegen des hohen Fischanteils mit einer erhöhten Quecksilberbelastung einhergehen.[93] Käsepizza liefert viel Kalzium, aber Pizza ist nun wirklich kein Grundnahrungsmittel. Es geht also wie üblich um Ausgewogenheit.

DIE ANDEREN ...

Vielleicht sind Familie und Freunde mit deiner Entscheidung nicht einverstanden. Das ist gar nicht so einfach. Vegane Ernährung fällt einem in der Gruppe definitiv leichter (besonders am Anfang), deshalb lohnt es sich, nach Mitstreitern zu suchen. Vielleicht probiert ihr es mal einen Monat (Veganuar) oder eine Woche, oder ihr esst einfach montags fleischlos. Wenn andere mitmachen – super! Wenn nicht, ist das auch okay. Es tut gut, für die eigene Überzeugung einzustehen, aber letztlich geht jeder seinen eigenen Weg, und wir sind nicht alle einer Meinung.

Nicht selten kommt aus dem Freundes- und Familienkreis Kritik, wenn jemand vegan wird oder auch nur mehr auf Pflanzliches setzt. Wir kennen das komplette Spektrum an Reaktionen, von den neugierigen, positiven Kommentaren bis hin zu schroffer Ablehnung und lauten Streitereien. Eine Kellnerin in London streckte uns die Zunge heraus und schnaubte abfällig, als wir sagten, dass wir Veganer seien. Andere verstehen unter „vegan" ganz unterschiedliche Dinge, und wer sich in dieses Neuland vorwagt, braucht auch Pioniergeist.

IAN ERZÄHLT

Als ich vegan wurde, erzählte ich meiner Familie davon, und die Reaktion war: „Ja, ja, mach halt." Sie nahmen mich nicht sonderlich ernst. Nach einem Monat fragten sie: „Und, ist deine vegane Phase jetzt vorbei?" Ich sagte: „Äh, nein, ich stecke mittendrin, und ich gehe auch davon aus, dass ich das weiter durchziehen werde." Einen weiteren Monat später schien sich die Familie ernsthaft um meine Gesundheit und mein Wohlergehen zu sorgen. Meine Mutter ist Krankenschwester und sagte Dinge wie: „Jetzt musst du aber aufhören. Das ist nicht gesund. Du brauchst Fleisch für die Proteine und Milch für das Kalzium." Ich halte ihr zugute, dass meine Gesundheit ihr am Herzen liegt und sie ganz ehrlich war. Schließlich entsprach eine vegane Ernährung ganz und gar nicht dem, wie ich aufgewachsen war.

An ein Gespräch mit meiner Mutter kann ich mich gut erinnern. Sie sagte, für sie sei das wie ein Schlag ins Gesicht gewesen, denn sie hätten mich nie zum Veganer erzogen. Ich kann sehr gut nachvollziehen, wie sie sich gefühlt haben muss, und verstehe, dass das zunächst schwierig für sie war. Meine Eltern sind immer noch keine Veganer, achten aber mehr auf ihr Essen als früher. Sie sind deutlich aufgeschlossener für vegetarische Gerichte und sagen mir stolz Bescheid, wenn sie vegan oder vegetarisch gegessen haben. Darüber freue ich mich sehr. Der Zeitfaktor spielte für diese Akzeptanz langfristig sicherlich die größte Rolle.

Freunde und Familie sind sehr wichtig, deshalb raten wir dringend dazu, diese möglichst nicht vor den Kopf zu stoßen. Brich keinen Riesenstreit vom Zaun, bis ihr euch gegenseitig enterbt. Jeder geht seinen eigenen Weg! Deine Wahrheit ist nicht zwangsläufig auch ihre Wahrheit. Also beurteile andere nicht nach deinen Maßstäben, sonst wird es sehr schwer, in einer Welt unterschiedlicher Meinungen klarzukommen. Leben und leben lassen – mit etwas Glück schließen sich dir erstaunlich viele Menschen an.

Sei ein glückliches, freundliches, positives Aushängeschild für veganes Leben. Scheu dich nicht davor, mit Nicht-Veganern auszugehen. Sei einfach eine Quelle der Inspiration für alle, denen du begegnest.

PARTNERSUCHE ALS VEGANER

Bei unterschiedlichen Ernährungsvorlieben erscheint die Restaurantsuche mitunter knifflig, aber vegan zu sein heißt nicht, dass man dies von der Partnerin oder vom Partner auch erwartet. Andererseits lernen wir in der veganen Szene und auf unseren Events natürlich viele Veganerinnen kennen. Ein Veganer-Date ist fantastisch, weil man von vornherein viel gemeinsam hat.

Henry ist inzwischen mit EmJ verlobt, einer Veganerin. Begegnet sind sie sich in einem Flur, weil Henry JP und Alex bei ihrer neuen Firma half. Henry sagt: „Ich sah total cool aus, in der einen Hand den Motorradhelm, in der anderen die Taschen, die ich für sie nach oben trug. Treffer. Sie war selbst Veganerin, was ein schönes Einstiegsthema war. Natürlich ist es einfacher, dass wir beide vegan leben. Ob beim Kochen oder im Urlaub, gemeinsame Entscheidungen sind kein Problem."

Ian sagt: „Nicht-Veganerinnen zu daten ist super, weil man endlos reden kann. Manchmal muss ich den ganzen Abend Fragen über veganes Leben beantworten. Nicht jede Frau trifft sich gern mit einem Veganer, aber manche finden es super! Eine Frau, mit der ich inzwischen befreundet bin, teilte mir neulich mit: ‚Heute ist mein erster veganer Jahrestag ... Danke! Beste Entscheidung aller Zeiten!'"

ZUM UMGANG MIT ANDEREN

Achte beim Essen mit Familie und Freunden besonders darauf, dass alles glattgeht. Rufe vorab im Restaurant an und frag nach, was es für dich gibt. Wenn dich jemand zu sich einlädt, besprich mit dem Gastgeber, was du essen kannst. Vielleicht kannst du selbst etwas mitbringen oder sogar ein Rezept vorschlagen, das die anderen kochen könnten. Rechtzeitige Kontaktaufnahme bewahrt euch vor unangenehmen Situationen. Das Ziel ist, dass alles unkompliziert wirkt und alle sich wohlfühlen. Das vermittelt am nachdrücklichsten, wie leicht man als Veganer ein ganz normales Leben führen kann. (Mehr zum Thema Restaurant auf den Seiten 234 bis 241.)

Sei darauf gefasst, gelegentlich aufgezogen zu werden.

Je nach Freundeskreis wird sich der eine oder andere über dich lustig machen. Das kennen wir, und es macht nichts. So etwas gehört zum Leben dazu. Menschen machen sich gern über etwas lustig, was sie nicht verstehen, ohne zu begreifen, dass sie zu weit gehen. Lass harmlose Witze von dir abperlen, denn du weißt, dass du für *dich* vegan lebst, nicht für sie. Lieber gar nicht reagieren als überreagieren. Wenn sich kleine Seitenhiebe allerdings zu echtem Mobbing auswachsen, solltest du dir vielleicht neue Freunde suchen.

Bleibe im Umgang mit Nicht-Veganern stets respektvoll. Dass du fest von etwas überzeugt bist, heißt nicht, dass andere auch daran glauben müssen.

Nicht predigen
Wer neue Informationen entdeckt und leidenschaftlich hinter einer Sache steht, möchte nur allzu gern auch seine Umgebung davon überzeugen. Das kann als „Predigen", „Verurteilen" oder „Schulmeistern" wahrgenommen werden und ist eine Falle, in die frischgebackene Veganer gerne tappen.
Auch wir bekennen uns schuldig. In unserer Anfangsphase waren wir so schockiert davon, was in der Welt los ist, dass wir es allen unseren Freunden erzählen wollten. Also haben wir ungefragt immer genau erklärt, warum wir das taten. Was nicht immer freundlich aufgenommen wurde.

„Du hast Cowspiracy gesehen, ich habe dir die ganzen Links geschickt, wir haben uns im Pub lange darüber unterhalten, aber du isst immer noch Tiere! Ist dir das denn alles so egal?" Hin und wieder haben wir definitiv einen solchen Ton angeschlagen. Das wirkt aggressiv und herablassend, ist wenig hilfreich und ganz sicher abschreckend. (Wir bitten alle, die uns in dieser Phase erlebt haben, vielmals um Entschuldigung!)

Manche haben uns unterstützt, andere reagierten verletzt und stritten mit uns. Wieder andere fühlten sich bevormundet. Einige (wie Naushard) zogen uns bei jeder Gelegenheit auf und fanden sich sehr witzig. Auf solche Reaktionen solltest du gefasst sein.

Deshalb haben wir **BOSH!** ins Leben gerufen, und deshalb sind wir damit erfolgreich. Wir predigen nicht, wir verurteilen nicht, und wir kochen für alle – Veganer, Vegetarier und Flexis. Wenn man uns fragt, antworten wir, aber hoffentlich in einer Form, die ebenso informativ wie locker und entspannt ist.

Wenn man dich fragt, dann antworte, ohne zu urteilen. Konzentriere dich auf deine persönlichen Motive und zwinge niemandem deine Meinung auf.

KNIFFLIGE FRAGEN
VON NICHT-VEGANERN

1

Du sagst, du lebst vegan, weil dir die Umwelt wichtig ist. Wie kannst du da nach Amerika fliegen?
Güte, Liebe und Sorge sind im Leben ebenso wichtig wie spannende Erfahrungen und Abenteuer. Die Erzählungen von deinen Abenteuern lassen andere vielleicht darüber nachdenken, wie sie selbst leben, und motivieren sie vielleicht zu positiven Veränderungen, die der Welt guttun.

2

Ich habe auf Facebook ein Bild von dir gesehen, da trägst du eine Lederjacke. Ich dachte, du wärst Veganer?
Die Vergangenheit können wir nicht verändern, nur die Zukunft. Inzwischen denke ich über Leder etwas anders, aber man sollte das, was man hat, auch nicht einfach wegwerfen.

3

Dieses Taxi hat Ledersitze. Ich dachte, du bist Veganer?
Ich kann nicht alles selbst bestimmen. Falls ich mir mal ein Auto kaufe, nehme ich eines ohne Ledersitze. Aber jetzt bringt dieses Taxi mich unversehrt nach Hause.

 **Du bist Veganer, nimmst aber Schmerzmittel. Weißt du denn nicht, dass dafür Tierversuche stattfinden?**

Die meisten Arzneimittel werden tatsächlich mit Hilfe von Tierversuchen entwickelt und getestet. Wenn es eines Tages Medikamente gibt, die ohne Tierleid entwickelt wurden, nehme ich sie gern. Jetzt aber brauche ich dieses Mittel, um den Schmerz zu lindern.

 **Du isst kein Fleisch, aber du hast ein iPhone. Was ist mit den Arbeitsbedingungen in den Minen für die Rohstoffe? Sind dir diese Menschen so egal?**

Die Menschen, die die Rohstoffe für dieses Gerät schürfen, sind mir nicht egal. Ich bin ihnen sehr dankbar und weiß ihre Schufterei zu schätzen. Wir müssen jeden Aspekt der modernen Gesellschaft betrachten und einiges verändern. Wir haben das genutzt, was wir hatten (Kameras und soziale Medien), um **BOSH!** zu gründen und unseren Teil zu leisten. *Jeder*, der ein Smartphone besitzt, kann derzeit alles Mögliche tun, um die Welt besser zu machen.

Manchmal werfen Leute Fragen auf, auf die du keine Antwort hast oder über die du nie nachgedacht hast. Mitunter erscheint alles schrecklich kompliziert. In einer Welt, wo unsere größte Bedrohung so groß und schwer durchschaubar ist wie der Klimawandel, dürfte es viele richtige Antworten geben.

Verzettle dich nicht in Diskussionen. Du weißt, warum du vegan lebst. Dafür brauchst du keine Genehmigung.

Zu Beginn unseres veganen Lebens haben wir auf Fragen schnell irritiert reagiert. Allerdings haben wir bald gemerkt, dass unser Ärger daher stammte, dass wir keine Antwort wussten. Um langfristig durchzuhalten, mussten wir lernen, solche Fragen vernünftig zu beantworten. Also haben wir viel gelesen und uns mit Fakten gerüstet. Heute reden wir sehr gern über veganes Leben, denn es ist eine gute Gelegenheit, die eigenen Gedanken weiterzugeben, Ideen zu spinnen und über unser Lieblingsthema zu sprechen.

Mehr dazu plus Antworten auf häufige Fragen auf den Seiten 304 bis 309.

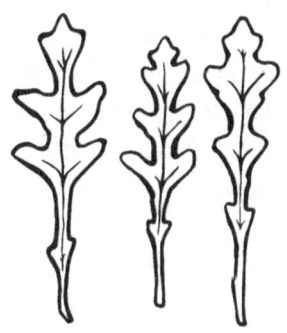

MITSTREITER FINDEN

Nachdem sich derzeit Millionen Menschen nach einer umweltfreundlicheren, gesünderen, pflanzlichen Ernährung umsehen, ist das Risiko, sich zum Gespött zu machen, weniger hoch. Such dir Freunde, indem du zu Treffen gehst, dich ehrenamtlich engagierst oder einfach neue Leute kennenlernst.

Als wir Veganer wurden, kannten wir kaum jemand, der auch so lebte. Also sahen wir uns die vegane Szene von London näher an.

Wir gingen zu jeder Veranstaltung, insbesondere bei Vevolution, einer fantastischen weltweit aktiven Organisation, die alle Aspekte einer Ernährungs- und Lebensweise ohne tierische Produkte fördert. Wir besuchten Workshops zu nachhaltiger Mode und Aktivismus und gingen anschließend mit den anderen Besuchern noch aus. Wir lernten die Initiatoren von Veganuary und Allplants kennen und gingen ganz in diesem neuen Umfeld auf.

Es ist so wichtig, Gleichgesinnte zu finden, mit denen man sich auf den Weg machen kann. Natürlich gibt es auch viele Online-Foren, aber wenn du dich ins richtige Leben stürzt, erlebst du viel mehr Verbundenheit und Unterstützung. Sieh dich in deiner Umgebung um und leg los!

GUTER ANSATZ, SCHWACHER VORTRAG

Der kalifornische Risikokapitalgeber Marc Andreessen lehrt uns den Spruch „Guter Ansatz, schwacher Vortrag". Da ist viel Wahres dran.

Bist du schon einmal jemandem begegnet, der blitzschnell die Meinung wechselt? Würdest du von so jemandem einen Rat annehmen? Mit schwachen Überzeugungen stolpert man mühsam durchs Leben, weil man sich ständig hinterfragt. Vielleicht kennst du aber auch Leute, die von ihrer Meinung derart überzeugt sind, dass sie sich trotz schlagender Gegenbeweise auf die Hinterbeine stellen und stur auf ihrer Version beharren, obwohl sie womöglich schon selbst nicht mehr daran glauben.

WIE HENRY GLEICHGESINNTE FAND

Als ich mit 22 nach London zog, war ich anfangs sehr einsam. Ich wohnte bei Freunden, kannte aber sonst kaum jemanden. Ich habe in der Digitalwirtschaft und im Marketing gearbeitet, hatte nette Kollegen, fühlte mich aber immer noch einsam. Als Startup-Gründer hatte ich ein junges Team (keiner über 30), doch obwohl ich mit einigen (wie Ian) auch befreundet war, lastete unglaublich viel Druck auf mir, und das konnte ich mit niemandem teilen. In einem Augenblick der Klarheit beschloss ich, auf ein sinnvolles Geschäftsmodell zu setzen, mit dem ich etwas bewirken könnte und wofür ich umdenken müsste.

Mit dieser neuen Sichtweise kamen neue Leute und sehr integere Menschen. Ian und ich begaben uns auf eine Reise, mit der wir nur Positives bewirken wollten. Wir schworen uns, in allem, was wir taten, absolut integer zu bleiben und uns mit ähnlich motivierten Leuten zu umgeben.

Dann stürzten wir uns in die Londoner Veganer-Szene und in die dortige Lebensmittelbranche. Wir freundeten uns mit Leuten an, die vegane Veranstaltungen organisierten, bauten Netzwerke auf und besuchten auch Abende, die uns nicht gefielen.

Wo immer es sich anbot, halfen wir anderen. Wir bauten ein Team aus Gleichgesinnten auf, die ehrlich, vertrauenswürdig und talentiert sind und an unserer Mission, die Welt zum Guten zu verändern, mitarbeiten wollen.

Seit 4 Jahren bin ich nie mehr einsam. Ich bin von Menschen umgeben, denen ich vertraue, die an mich glauben und an die auch ich glaube. Ich wohne mit Ian, meiner Verlobten EmJ und unserer veganen Freundin Anna zusammen, die unsere Grundüberzeugungen teilt. Wir haben großartige Freunde innerhalb der veganen Szene – Mentoren, Mentees und Ratgeber. Inzwischen waren wir sogar schon auf veganen Hochzeiten eingeladen. Individuell betrachtet waren wir auch noch nie so gesund wie jetzt.

Mitstreiter zu finden war für mich elementar, denn ich bin nicht mehr einsam, sondern sozial gut vernetzt, von Verbündeten umgeben, die sich alle bemühen, die Welt ein bisschen besser zu machen.

Finde heraus, was dir wichtig ist, erkläre das zu deinem Wesenskern, und dann verbinde dich mit Menschen, die deine Sichtweise teilen. Wir alle brauchen ein Umfeld, das uns hilft, etwas aus uns zu machen – geh auf die Suche!

Triff deine Entscheidungen mit Bedacht

Informiere dich. Denk gründlich nach. Am besten schreibst du deine Gründe auf. Überlege dir, wie du vorgehen willst. Du hast eine sorgsam überdachte Entscheidung gefällt und dich auf alle verfügbaren Fakten gestützt. Lass dich nicht von einer unbedachten Bemerkung aus dem Konzept bringen. Dass du einmal im Jahr fliegst, macht deine Einstellung zum Klimawandel nicht automatisch unglaubwürdig. Und lass dir nicht von schlecht recherchierten Zeitungsartikeln weismachen, dass vegane Ernährung ungesund ist.

Bleib flexibel. Lerne weiter. Sei offen für Neues. Bleib bescheiden.

Hör gut zu. Akzeptiere Kommentare und informiere dich dann selbst. Schalte nie auf Durchzug. Sei bereit dazuzulernen. Zeig dich flexibel. Aber lerne auch, ungute Ratschläge abzuwehren. Und hüte dich vor Pseudowissenschaft – viele Menschen beten Behauptungen nach, die auf schlecht recherchierten Daten beruhen.

GEH DEINEN EIGENEN WEG

Wir haben es bereits erwähnt: Wenn du überlegst, wie du vegan leben könntest, musst du dir klarmachen, dass es dafür keine Standardlösung gibt.

Selbst das Wort „vegan", das doch so eindeutig erscheint, bedeutet nicht für jeden dasselbe. Veganismus ist ein Ideal, doch es geht nicht um Perfektion. Wenn du gegenwärtig zu 80 Prozent vegan essen würdest, hätte das schon erheblichen Einfluss auf deinen CO_2-Fußabdruck. Du würdest etwas für die Tiere tun und wahrscheinlich auch feststellen, dass die bessere Ernährung dir gesundheitlich guttut. Also finde heraus, wie du dich im Alltag vegan verhalten kannst.

Wir selbst haben das anfangs nicht so gesehen. Als wir vegan wurden, waren wir von unserer neuen Lebenseinstellung so begeistert, dass wir alle daran teilhaben lassen wollten. Allerdings waren unsere Beweggründe für andere nicht unbedingt interessant. Wir sind oft ins Fettnäpfchen getreten und haben bestimmt auch ein paar Leute genervt. Heute raten wir zur Streitvermeidung. Manchmal gibt es keine absolut richtige oder falsche Antwort, dann sollte man das Thema ruhen lassen.

Mittlerweile bekommt man fast in jedem Lokal ein veganes Essen. Viele Geschäfte haben vegane Würste und veganes Eis im Angebot (Henry liebt Schokoladen- und Nusseis, Ian bevorzugt Vanille). Das verdanken wir Fleischessern. Klingt verrückt, aber es stimmt. Seit mehr Menschen zu rein pflanzlichen Produkten greifen (ohne gleich vegan zu werden), steigt die Nachfrage nach veganen Angeboten. An jedem Punkt deines Weges macht der Verzehr pflanzlicher Lebensmittel es anderen leichter, vegan zu leben.

Zeige ihnen, wie gut es tut, öfter pflanzlich zu essen. Koch für die anderen. Teile deine Essensfotos auf deinen Social-Media-Kanälen (wenn du unsere Rezepte verwendest, tagge uns bitte). Geh zu Veranstaltungen und sprich dort positiv und urteilsfrei über deine Entscheidungen. Damit kannst du deine Mitmenschen und auch deren Umfeld massiv beeinflussen, sodass Veganismus immer mehr Menschen erreichen kann und ihnen Mut macht, sich pflanzlich zu ernähren.

Das war's auch schon. Denn es ist eigentlich ganz einfach.

JETZT BIST DU DRAN

Wir haben dir erzählt, was wir gemacht haben. Aber jeder Mensch ist anders. Die Fragen auf den kommenden Seiten sollen dir helfen, herauszufinden, warum du vegan essen möchtest und wie du das umsetzen kannst.

DEFINIERE DEINE MOTIVE

An diesem Punkt kann es sinnvoll sein, darüber nachzudenken, warum dich diese Veränderung anspricht. Vielleicht schreibst du es sogar auf. Aufschreiben erzeugt Klarheit, und du kannst später darauf zurückkommen, um motiviert zu bleiben, falls dir irgendwann einmal Zweifel kommen. Die folgenden Fragen können dir dabei helfen:

Warum hast du dieses Buch aufgeschlagen?

Warum möchtest du etwas verändern?

Was motiviert dich zu einer pflanzlichen Ernährung?

Was ist dein Ziel? Was möchtest du erreichen?

Welches zentrale Motiv treibt dich an?

Wie sollte sich die Welt in deinen Augen verändern?

Was ist leicht?

Was könnte schwierig werden?

Was geht nicht mehr?

Wie wird es dir gehen, wenn andere deine Entscheidung hinterfragen?

Was sagst du zu ihnen?

Es ist wichtig, dass dir bewusst ist, warum du vegan essen möchtest. Schreib auf, wie es dir damit gehen wird, im Guten wie im Schlechten, damit du auf ein Auf und Ab vorbereitet bist.

DEFINIERE DEIN VORGEHEN

Wie bei jeder neuen Gewohnheit oder Lebensstilumstellung kommt es auf die Planung an. Wir wurden von einem Tag auf den anderen vegan (was heutzutage kein Problem ist). Einfacher ist es allerdings, wenn man sich vorher überlegt, wie der Übergang zu bewerkstelligen ist. Mit ein paar Grundregeln bleibst du leichter dabei.

Willst du jeden Tag vegane Mahlzeiten essen? An manchen Tagen? Jeden Morgen? Oder nur an Wochentagen? Vielleicht fleischfreie Montage?

Wie streng willst du sein? Willst du sofort voll einsteigen oder lieber schrittweise?

Denk an dein Ziel aus dem letzten Abschnitt. Wie willst du darauf hinarbeiten?

Macht dir etwas Sorge, weil es vielleicht nicht in deine neue Lebensweise passt? Wie willst du das angehen?

Willst du komplett vegan werden, indem du auch vegane Produkte, Kosmetik und Kleidung kaufst, oder geht es erst einmal um vegane Ernährung?

Wer kann dir helfen, motiviert zu bleiben?
Wer sind deine Verbündeten? Wer hält dir die Stange?

Wie geht es dir jetzt, wenn du dir diese Umstellung vorstellst?

Wie wird es dir gehen, wenn du dein Ziel erreicht hast?

Was macht dir Sorge?

Was willst du dagegen unternehmen?

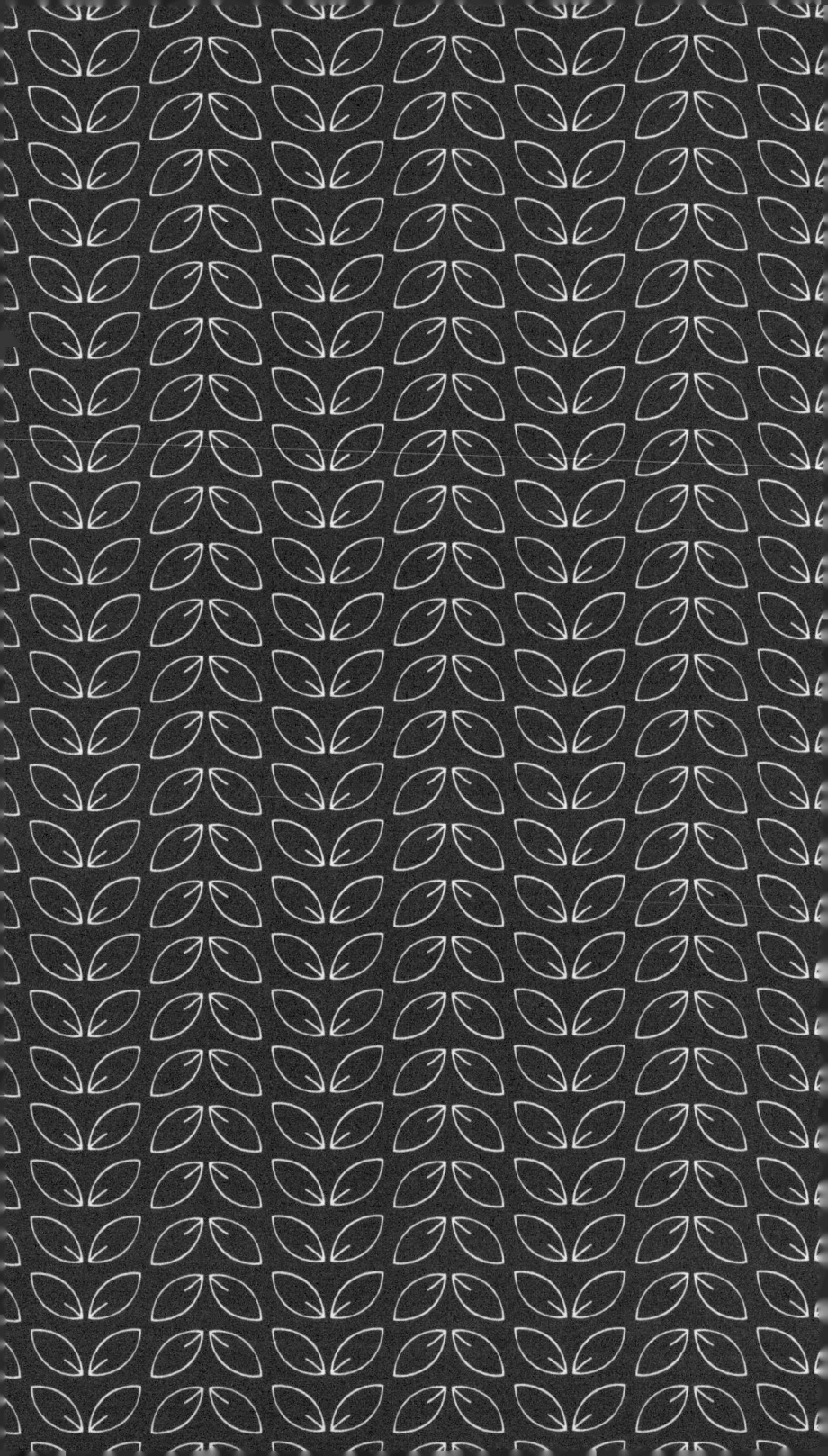

WIE?

,,

Essen Sie Lebensmittel, maßvoll, vorwiegend Pflanzen.

,,

MICHAEL POLLAN

Essen Sie nichts, was Ihre Großmutter nicht als Essen erkannt hätte

Es ist heute leichter denn je, sich rein pflanzlich zu ernähren.

Das Angebot in Supermärkten und Restaurants ist heute unglaublich vielfältig. Überall gibt es vegetarische und vegane Optionen, die Verkaufszahlen schnellen in die Höhe. Als wir vor wenigen Jahren vegan wurden, war es noch schwierig, gute Angebote zu finden. In den ersten Monaten spazierten wir in den Supermarkt, wollten etwas zu essen kaufen und mussten bei jedem Sandwich erst einmal die Zutaten prüfen. Nichts davon war für Veganer geeignet.

Heute gibt es fertige Sandwiches für Veganer. Inzwischen haben wir die Qual der Wahl. Seit mehr Menschen auf pflanzliche Ernährung umsteigen, besteht eine enorme Nachfrage nach hochwertigen veganen und vegetarischen Produkten. Es wird also immer besser!

Inzwischen betrachten sich ein Drittel der Briten,[94] also **12 Mio. Menschen**, als Veganer, Vegetarier oder Flexitarier (im Sinne von Menschen, die weitgehend pflanzlich essen, aber hin und wieder auch mal etwas Fleisch). Das sind eine ganze Menge Leute, die lieber Pflanzen als Tiere essen.

Und selbst die Fleischesser reduzieren ihren Fleischverzehr.[95] In den USA ist der Verkauf pflanzlicher Alternativen für Fleisch, Käse, Milch und Eier in nur 1 Jahr um **17 %** gestiegen,[96] und der Verkauf von Fleischersatzprodukten hat sich in den letzten 5 Jahren **verdoppelt**.[97]

Oatley, ein Hersteller veganer Ersatzmilch, spricht von „Hyperwachstum" und meldet einen **60 %igen** Umsatzanstieg in nur 1 Jahr, weil mehr Menschen ihren Kaffee ohne Milchprodukte trinken.[98] Beim erfolgreichsten US-Börsengang seit dem Jahr 2 000 erzielte das Unternehmen Beyond Meat auf Anhieb ein Plus von **163 %**.[99] Und als der britische Sandwichhersteller „Greggs" im Januar 2019 „Vegan Sausage Rolls" auf den Markt brachte, stiegen seine Aktien um über **10 %** auf ein Rekordhoch.[100] Investoren und Einzelhandel betrachten vegane und vegetarische Lebensmittel als größten Wachstumsmarkt und gehen von weiterhin steigender Nachfrage aus.[101,102]

Während also die Medien gern militante Veganer und wütende Farmer darstellen, die miteinander streiten, geschieht real genau das Gegenteil: **Alle Welt steigt auf mehr Pflanzen um.**

Wir möchten dir zeigen, wie du mehr Pflanzen (und weniger Tiere) essen kannst, und wie man diese Überlegungen auch auf den Rest des Lebens übertragen kann.

Es ist nämlich durchaus möglich, sich vegan (oder weitgehend vegan) zu ernähren und trotzdem mit allen befreundet und gesellig zu bleiben! Wir haben zusammengestellt, was wir in den letzten Jahren über den Aufbau von Social-Media-Kanälen mit über 2,5 Millionen aktiven Abonnenten (Veganer, Vegetarier, Flexitarier und Fleischesser) erfahren haben.

Michael Pollan hat das perfekt ausgedrückt, als er sein Buch „Essen Sie nichts, was Ihre Großmutter nicht auch als Essen erkannt hätte" zusammenfasste: „Essen Sie Lebensmittel, maßvoll, vorwiegend Pflanzen." Das ideale Mantra für uns!

UND WAS DARF ICH JETZT ESSEN?

Ehe wir uns für eine pflanzliche Ernährung entschieden, haben wir uns ganz normal ernährt: eine westliche Standardernährung, bei der jede Mahlzeit auch tierische Proteine lieferte. Morgens gab es häufig Eier oder Schinkenbrötchen, mittags meist ein Käse- oder Wurstsandwich und abends ein großes Stück Protein mit ein bisschen Grünzeug zur Verzierung.

Kein Wunder, dass wir nicht genug Obst und Gemüse zu uns nahmen. Mit Proteinen waren wir bestens versorgt, aber bunt war der Teller nicht gerade. Viel zu viel von unserem „Gemüse" bestand aus Kartoffeln, ob gebraten, als Kartoffelbrei oder in Form von Pommes Frites.

Deshalb befürchteten wir zunächst, dass wir ohne tierisches Eiweiß kaum auskommen würden. Womit sollten wir es ersetzen?

Bekommen wir je wieder unsere Lieblingsgerichte?

Am meisten bangten wir um das klassische englische Frühstück. Deshalb begannen wir, selbst zu kochen, denn wir sehnten uns nach veganen Versionen unserer Leibspeisen. Wir stellten fest, dass man mit vielen verschiedenen Gemüsesorten äußerst einfallsreich wird. Heute ist unser Essen viel interessanter und schmackhafter als früher.

Heute kochen wir nach dem Prinzip „Einmal durch den Regenbogen" und beziehen möglichst viele Pflanzenarten ein.

Was nicht bedeutet, dass wir keine „traditionellen" Gerichte mehr essen. Wir haben pflanzliche Versionen für Fish and Chips, Lasagne, Braten, Currys und vieles mehr im Repertoire. Auf Festivals oder unterwegs essen wir Burger wie in alten Zeiten – nur sind sie heute pflanzlich und mit köstlichem veganem Käseersatz belegt.

Unsere **BOSH!**-Gerichte schmecken uns besser als die Originalrezepte. Unsere **Blumenkohl-Buffalo-Wings** sind angeblich leckerer als die Hähnchenflügel zum Abnagen, bei denen man hinterher die Knochen entsorgen muss. Unsere „Wings" sind zu 100 Prozent essbar!

Und unsere **Spaghetti Bolognese** (wie alles mit unserem Pilzhack) sind mindestens so gut wie das Original, obendrein ganz ohne Cholesterin und Wachstumshormone.

Heute essen wir so abwechslungsreich, dass es kein Vergleich zu früher ist.

Optisch ist das Resultat mitunter vergleichbar, aber insgesamt ist es ein Riesenunterschied. Mit einer gut zusammengestellten Buddha-Bowl sind wir genauso pappsatt wie früher mit Fleisch und zwei Gemüsebeilagen.

Wer mehr pflanzliche Gerichte isst, wird bald feststellen, dass der Teller anders aussieht. Manche Mahlzeiten erinnern eher an ein Picknick oder ein Büfett – wie spanische Tapas oder die Mezze des Nahen Ostens. Sellerie mit Hummus oder anderes Gemüse mit Dipsaucen kann ein nahrhaftes, gesundes und sättigendes Mittagessen abgeben.

Der Verzicht auf Fleisch und Milchprodukte war für uns zunächst wie ein kalter Entzug. Wir haben alles gestrichen. Wir sind alle Zutatenlisten unserer Vorräte durchgegangen und haben alles ausgeräumt, was tierische Bestandteile enthielt. Das dauerte zwar einen halben Tag, machte es aber insgesamt einfacher.

Außerdem mussten wir uns den Supermarkt neu erobern, diverse Produkte prüfen und viele, viele Fragen stellen. Natürlich haben wir Fehler gemacht, und selbst nach vier Jahren als Veganer wissen wir keineswegs alles. Aber unsere Entscheidung stand, und wir haben über Ernährung und Lebensmittel viel dazugelernt.

Tierische Produkte verstecken sich auch an unerwarteten Stellen. Snacks sind eine beliebte Falle. Manchmal hatten wir schon eine halbe Packung Chips intus, ehe wir bemerkten, dass sie auch Milchpulver enthielt.

Inzwischen haben wir gelernt, beim Einkaufen gleich die richtigen Ecken anzusteuern, wir wissen, was geht und was nicht und wie wir unsere Lieblingsfleischgerichte vegan nachkochen können. Dieses gewachsene Wissen möchten wir weitergeben.

BOSH!en *Verb*: ein Gericht so lecker wie möglich veganisieren

UNSERE FÜNF GOLDENEN REGELN

Eine rein pflanzliche Ernährung steckt voller wertvoller Inhaltsstoffe und zählt zu den gesündesten Ernährungsformen überhaupt. Allerdings muss man — wie bei jedem Ernährungskonzept — ein ausgewogenes Nährstoffverhältnis im Auge behalten. Zugleich gibt es einige Punkte, die sich jeder zu Herzen nehmen sollte, ob Veganer, Vegetarier, Flexitarier oder achtsame Fleischesser.

1

ALLE REGEN-BOGEN-FARBEN

Wenn wir ein Gericht zusammenstellen, lautet die Faustregel 50/25/25: 50 % Obst und Gemüse, 25 % Vollkorn, 25 % pflanzliche Proteine. Das entspricht in etwa den Standardempfehlungen und auch dem Vegan Power Plate. Wir bezeichnen es als unser Regenbogenverhältnis, mit dem man sich sehr einfach ausgewogen ernähren kann — ganz ohne Abmessen und Wiegen. Und man isst jeden Tag reichlich Obst und Gemüse, ausreichend Eiweiß und Getreide ohne dubiose Zusatzstoffe.

2

—

VIELFALT AUF DEN TELLER

Jede Mahlzeit sollte nicht nur farbenfroh sein, sondern auch verschiedene Konsistenzen, Gewürze und jahreszeitlich angemessene Zutaten bieten, um den Körper mit allen Vitaminen und Mineralstoffen zu versorgen. Mit unterschiedlichen Proteinquellen im Tagesverlauf wird auch der Proteinbedarf insgesamt gedeckt (mehr zu pflanzlichen Proteinen siehe Seite 152).

3

—

GRÜN TUT GUT

Das elterliche Dauermantra „Iss deinen Spinat" hatte durchaus seine Berechtigung. Dunkelgrünes Blattgemüse gehört jeden Tag auf den Speiseplan, zum Beispiel in Form eines Smoothies mit Grünkohl oder Spinat. Der Körper giert nach den Mikronährstoffen aus grünem Blattgemüse, also nur zu! Wir legen morgens gern mit einem grünen **Gesundheitsdrink** los (siehe Rezept auf Seite 190). Das ist der optimale Start in einen pflanzenreichen Tag.

4

—

DIE
80:20-REGEL

Die 80:20-Regel besagt: Iss zu 80 % „Gesundes" und zu 20 %, worauf du gerade Lust hast. Von Zeit zu Zeit ist auch etwas weniger Gesundes kein Problem, besonders wenn es selbstgekocht ist. Es sollte nur durch vollwertige Lebensmittel mit kräftigen Farben ausgeglichen werden. Essen bedeutet Genuss! Es hat in unserer Kultur, in der Familie und für das Wohlbefinden einen so hohen Stellenwert, dass man unbedingt austüfteln sollte, welche Ernährung einen individuell glücklich und zufrieden macht. Vielleicht möchtest du die Woche über gesünder essen und am Wochenende weniger streng sein? Mach es so, wie es für dich passt. Auf den Seiten 232 und 233 geben wir Tipps für die Wochenplanung.

5

—

MULTI-VITAMIN-PRÄPARAT

Sicherheitshalber ergänzen wir unsere Ernährung durch die tägliche Einnahme eines Multivitaminpräparats und Vitamin B_{12}. Damit müssen wir uns keinerlei Sorgen mehr machen. Es zeugt von Selbstverantwortung, sich das nötige Grundwissen anzueignen und im Zweifelsfall ärztlich abklären zu lassen, ob alles im gewünschten Rahmen ist.

ZUTATEN

DAS GIBT ES NICHT!

ALLE TIERISCHEN PRODUKTE

Das liegt natürlich auf der Hand, und deshalb ist diese Liste ausgesprochen kurz. Ja, viele Gerichte im Restaurant oder aus dem Supermarkt basieren auf Fleisch, Fisch, Eiern oder Käse. Deshalb hat es zunächst den Anschein, als würde man viel verpassen. Aber tatsächlich ist die Anzahl an Lebensmitteln, die wir streichen, im Vergleich zu der Fülle an essbaren Pflanzen relativ gering. Ob du nun immer oder nur manchmal fleischfrei leben willst, die folgenden Dinge solltest du liegen lassen.

Denk einfach: „Keine Tiere, Stücke von Tieren oder tierische (Neben-)Produkte."

Hier könnten einige Dinge dabei sein, die dir wichtig sind (wir wissen, wie manche Leute ihrem Käse nachtrauern), doch keine Sorge. Auf den nachfolgenden Seiten zeigen wir all die hervorragenden Alternativen auf, die es schon gibt. Du musst wirklich nicht darben.

Fleisch und Geflügel. Zum Beispiel von Lamm, Schwein, Rind, Huhn, Ente, Gans, Pute – alles, was ein Herz oder ein zentrales Nervensystem besitzt. Natürlich auch alles, was daraus hergestellt wird, also Mett, Schinken, Salami und so weiter.

Fisch und Meeresfrüchte. Alle Sorten Fisch, Garnelen, Krebse, Hummer, Muscheln, Austern sowie alles, was Fischsauce (eine Würzsauce aus der asiatischen Küche, die aus fermentiertem Fisch erzeugt wird) enthält.

Milchprodukte. Alles, was aus der Milch von Kühen, Ziegen, Schafen oder anderen Tieren gewonnen wird, das heißt, Milch, Käse, Joghurt, Butter und Butterschmalz, Speiseeis, Sahne, Buttermilch, Molkeprotein und so weiter.

Eier. Ob von Hühnern, Gänsen, Enten, Wachteln, Fischen oder anderen Tieren. Natürlich auch alles, was Eier als Zutat enthält, zum Beispiel Mayonnaise, Kuchen, Sauce Hollandaise, Eiernudeln und so weiter.

Honig oder andere Bienenprodukte. Das umfasst auch Pollen und Bienenwachs. Die Imkerei bringt Bienen zwar nicht um, aber das Ernten ihrer Produkte beeinträchtigt die Gesundheit der Bienen und ihrer Stöcke und ist daher nicht vegan.

Alle Produkte, die die oben genannten Zutaten oder Teile davon enthalten.
Lies am besten immer die Liste der Inhaltsstoffe. Daran gewöhnt man sich schnell. Mehr zum Prüfen der Inhaltsstoffe steht auf Seite 165.

Wenn es keine Einzel-zutat ist: Zutatenliste checken.

DAS DARF AUF DEN TELLER

ALLE PFLANZEN

Pflanzen dürfen immer auf den Teller. Das gilt für *alle* Pflanzen. Sie sind tierfrei. Diese Liste enthält Lebensmittel, die in den richtigen Mengen zu einer ausgewogenen Ernährung beitragen können. Lies dir alles durch und mal dir aus, wie kunterbunt der Teller durch Pflanzen wird.

Viele glauben, dass eine rein pflanzliche Ernährung schwierig ist. Das stimmt nicht. Pflanzen zu essen ist kein bisschen restriktiv.

Es gibt Unmengen Lebensmittel, so viele Geschmacksrichtungen, so viele Konsistenzen und Kombinationsmöglichkeiten. Zudem ist es häufig preiswerter, weil wir vor allem frische, unverfälschte Zutaten nehmen.

Hier kommt alles, wozu wir „Ja" sagen, alles zum **BOSH!**en, einfach alle essbaren Pflanzen.

FRÜCHTE

Früchte sind Pflanzen. Fertig. Es steht eine bunte Palette an Früchten zur Auswahl, die der Gesundheit sehr guttun. Ob frisch, getrocknet oder tiefgekühlt, das Angebot ist enorm. Von **Äpfeln** und **Brombeeren** über **Jackfruits** (die in manchen tollen Gerichten einen hervorragenden Fleischersatz abgeben) bis hin zu **Granatapfelkernen** können Früchte auch in Salaten viel Geschmack und Nährstoffe beisteuern.

Eine besondere Vorliebe haben wir für **Mangos** – Henry zaubert einen genialen Nudelsalat mit Mango, Cashewkernen, Bohnensprossen und einem Dressing aus Sojasauce und Sesamöl. **Avocados** (eigentlich Früchte, aber ich schätze, wir stufen sie alle eher als Gemüse ein!) gehören zu unseren Rettungsankern, auf Toast, für Salate, für cremige Dressings ... Sie zählen zu den vielseitigsten veganen Zutaten. Und dann wäre da natürlich noch die bescheidene **Banane** für Shakes, Eis, als Zwischenmahlzeit oder mit dunkler Schokolade gefüllt und gebacken.

HENRY SAGT: KEIN STRESS WEGEN AVOCADOS!

Sind Avocados vegan? Manche Kommentare behaupten das Gegenteil.

Denn für die Avocadozucht braucht man Wanderimker, die ihre Bienen auf Lastwagen umherfahren, um Pflanzen zu bestäuben, was deren Leben verkürzt und die Tiere leiden lässt.

Die Vegan Society hat klargestellt, dass Avocados selbstverständlich vegan sind. Schließlich ist es heutzutage schwierig, etwas zu essen, für das nicht potenziell Tiere zu Schaden kommen. Alle Anbaumethoden wirken sich auf die Tiere in der Umgebung aus.[103]

Das ist ein klassisches Beispiel dafür, wie schnell manche Leute sich positionieren und ein „Wir gegen Euch" erzeugen. Es wird immer gern darauf verwiesen, dass eine vegane Ernährung unerreichbar sei, um Trennlinien zu ziehen und unnötige Parteien zu bilden. Dieser Haltung wollen wir mit **BOSH!** entgegenwirken.

Wir wollen *alle* dazu ermuntern, mit Genuss mehr pflanzliche Gerichte zu essen. In unseren ersten Kochbüchern kommt das Wort „vegan" nicht einmal vor! Und wir befürworten es, wenn Leute nur hin und wieder vegan essen, falls ihnen das lieber ist. Jeder fängt irgendwo an.

GEMÜSE

Gemüse steht im Zentrum unserer Ernährungsform. Obst und Gemüse stellen bei einem perfekten pflanzlichen Gericht die Hälfte der Zutaten. Es gibt so viel fantastisches Gemüse – von grünem **Blattgemüse** über leuchtend gelbe **Paprika** oder **Zucchini** bis hin zu herzhaften **Steckrüben**.

Kauf beim nächsten Marktbesuch eine Gemüseart, die du noch nicht kennst, und experimentiere damit herum.

Zu unseren Lieblingen gehört die klassische **Aubergine**, weil sie so vielseitig ist. Es geht doch nichts über eine große Portion gesalzener, gebackener Aubergine mit Miso. Wir mögen sie auch in Baba Ganoush, einem überraschend rauchig schmeckenden Dip, der in jedem Supermarkt gleich neben dem Hummus stehen sollte.

Daneben stellen wir jede Menge eingelegter Auberginen her (Brinjal Pickles), die ausgezeichnet in ein Curry oder einen veganen Käsetoast passen.

HÜLSENFRÜCHTE

Diese Gruppe umfasst **Bohnenkerne** (wie Kidneybohnen und viele andere), die sich perfekt für Chilis und Eintöpfe eignen. Sehr gerne greifen wir auch zu **Kichererbsen**, aus denen man mit Hummus ein Grundnahrungsmittel für Veganer machen kann. Wir benutzen sie für Falafeln, für Salate und für Currys. **Linsen** und **Palerbsen** sind unglaublich vielseitig und zugleich preisgünstig. Optimal für schnelle Daals und Suppen.

KRÄUTER UND GEWÜRZE

Oh, diese Aromen! Ohne unsere gut sortierte Gewürzschublade und die Kräuter im Regal wären wir aufgeschmissen. Frischer **Koriander**, **Petersilie**, **Rosmarin** und **Basilikum** beleben jedes Gericht. Mit der richtigen Gewürzmischung werden Jackfruit, Tofu, Seitan oder Tempeh zu Schmorgerichten, die es mit dem besten Steak oder Hühnchen aufnehmen können (weitere Fleischersatzempfehlungen auf Seite 142). Und nichts geht über ein frisches, blitzschnell zusammengerührtes veganes Pesto zu einem guten Teller Spaghetti. Nutze so oft wie möglich frische Kräuter für Currys, Suppen oder Nudelgerichte und spiele mit deinen Gewürzen, bis alles perfekt schmeckt.

VOLLKORNGETREIDE, MEHL, REIS, COUSCOUS UND NUDELN

Getreide (und Getreideprodukte) machen etwa ein Viertel einer ausgewogenen pflanzlichen Mahlzeit aus. Grundnahrungsmittel sind **Haferflocken** und **Reis**, aber wir lieben auch **Buchweizennudeln** und normale **Pasta**. Wir haben immer gutes Brot im Haus, ob aus **Weizen** und **Roggen** oder aus glutenfreiem Mehl wie **Buchweizen** oder **Mais**. **Kichererbsenmehl** ist äußerst proteinreich und wohlschmeckend und lässt sich zu Chapatis, indischen Pakoras oder pflanzlichen Omelettes verarbeiten. **Quinoasamen** sind streng genommen kein Getreide, sollten aber als wirklich gute pflanzliche Proteinquelle immer im Haus sein.

BACKZUTATEN

Wir backen unheimlich gern. Die meisten Backzutaten sind glücklicherweise pflanzlich. Geschmacklich arbeiten wir bei Kuchen und Gebäck gern mit **Vanilleextrakt, Trockenfrüchten, Konfitüre** und **Nüssen**. Achte beim Backen mit **Kakaopulver** oder **Schokolade** bitte auf die Aufschrift „vegan". Statt **Honig** eignen sich Ahornsirup oder Agavennektar (siehe Seite 140).

HENRYS SCHOKOLADEN-KUCHEN

Meine Schwester Alice und ich wurden von unseren Eltern hemmungslos verwöhnt, als wir klein waren. Im Grunde durften wir immer machen, was wir wollten. Diese Freiheit und dieses Vertrauen in uns haben sie uns mitgegeben.

Zum Geburtstag gab es stets diesen unglaublich guten Kuchen nach einem Rezept aus der Familie meines Vaters, das aus einem alten, handgeschriebenen Kochbuch stammt. Eine echte Familientradition.

Von diesem köstlichen dunklen Kuchen bekamen wir nie genug. Einen derart intensiven Schokoladengeschmack erzielt man nur mit hochwertiger dunkler Schokolade und der darauf abgestimmten Süße.

Es war ein lockerer und zugleich saftiger Kuchen mit einer dicken Schokoladenkuvertüre. Wir nannten ihn immer den „Teufelskuchen", und ich weiß bis heute, wie er schmeckte.

Als wir vegan wurden, fanden wir kein vergleichbar gutes veganes Kuchen-Rezept. Also haben wir eines kreiert!

Das Gleiche galt für andere Leibspeisen von mir, zum Beispiel **Lasagne** oder **Fish and Chips**. Das Fahnden nach unwiderstehlichen veganen Varianten unserer alten Lieblingsgerichte war einer der Gründe für **BOSH!**.

Also machten wir uns an die Arbeit. Der Kuchen musste in Konsistenz und Süße genau so sein, wie ich es liebe – trotz anderer Zutaten. Und das ist uns gelungen!

Unser Video für den **Ultimativen Chocolate-Fudge-Cake** wurde schon über 3 Millionen Mal abgerufen. Überall kommen die Leute auf uns zu und schwärmen von diesem Rezept. Aber das war es wert! Dieser verteufelt gute Kuchen durfte nicht geheim bleiben.

ZUCKERWARNUNG!

Bei uns in Europa ist Zucker in der Regel vegan, doch in Amerika ist er das nicht, denn dort darf im Herstellungsprozess Tierkohle (Aktivkohle aus tierischen Substanzen) eingesetzt werden. Ob man das noch als vegan betrachten sollte, ist sehr umstritten. Um sicherzugehen, kannst du dich über veganen Zucker informieren.

Oder du ersetzt den Zucker im Rezept durch Ahornsirup: Pro 230 g Zucker nimmst du 175 ml Ahornsirup und reduzierst zum Ausgleich den restlichen Flüssigkeitsgehalt im Rezept pro 240 ml Ahornsirup um 3 Esslöffel.

Wenn du unbedingt veganen Zucker verwenden willst, bitte sehr. Aber lass dich durch diesen Punkt nicht davon abhalten, eine insgesamt pflanzliche Version zu essen.

NÜSSE UND SAMEN

Wir bemühen uns, täglich gemischte Nüsse und Samen zu essen. Sie liefern diverse Nährstoffe, die dem Körper guttun, aber auch gesunde Fette und Proteine. Der perfekte Veganer-Snack! Am besten füllst du ein großes Glas mit deinen Lieblingsnüssen, Kernen und Samen und schüttelst alles kräftig durch.

Gib einen Esslöffel davon morgens über dein Müsli, mix die Nüsse in deine Smoothies oder streu sie über den Salat. Achtung, das sind Kalorienbomben – eine Handvoll ist nicht zu unterschätzen. Besonders nährstoffreich sind **Kürbiskerne**, **Leinsamen** und **Chiasamen**.

Gibt es einen besseren Snack als ein Erdnussbuttersandwich mit Konfitüre?

Eine köstliche eigene Nusscreme ist blitzschnell fertig und kann durch Gewürze, natürliche Süßungsmittel oder auch Kakaopulver aufgewertet werden. Beim Thema Nüsse müssen wir betonen, wie wichtig **Cashewkerne** für uns sind. Mit pürierten Cashewkernen stellen wir Sahne- und Milchersatz her, und wir verarbeiten sie zu Bechamelsauce und Cashew-Käse. Vor der Verwendung bitte immer gut einweichen und dann mit etwas Wasser zu einer glatten Creme pürieren.

ESSIG UND ÖL

Pflanzenöl liefert das nötige Fett zum Kochen, Essig die Säure, und beides ist von Natur aus vegan. Wir kochen mit **normalem Olivenöl**, nutzen **natives Olivenöl extra vergine** für Salatsaucen und nehmen **Sesamöl** für Pfannengerichte. **Apfelessig** kommt in unseren Gerichten regelmäßig zum Einsatz, und nichts geht über Salat oder frisches Brot mit **Balsamico**. Natürlich ist Öl immer verarbeitet und sehr kalorienreich, also bitte nicht übertreiben.

FLEISCH- UND MILCH-ERSATZPRODUKTE

Es gibt inzwischen Unmengen Alternativen zu Fleisch und Milchprodukten, was für Veganer ein Segen ist. Ob Burger, Würste oder Fischersatz, für fast alles gibt es fertige vegane Varianten. Allerdings muss man sich ein wenig umsehen und auch herumprobieren. Am besten beginnst du in einem großen Supermarkt in deiner Nähe. Vielleicht gibt es auch einen Bioladen um die Ecke, ansonsten bieten sich Online-Bestellungen an. Du wirst schnell merken, dass viele Ersatzprodukte richtig gut schmecken.

Die wichtigsten alternativen Proteinträger haben wir hier zusammengestellt:

Seitan
Seitan wird aus Weizengluten erzeugt und ist sehr proteinreich. Von der Konsistenz her ist er vielseitig verwendbar und nimmt Geschmack gut an. Wer ein wenig damit herumspielt, kann mit Seitan vegane Alternativen zu Hot Wings, Chicken Nuggets oder Geflügelburgern zaubern.

Tempeh
Der gesündere Vetter von Seitan. Tempeh ist weniger stark verarbeitet und besteht wie Tofu aus Sojaprotein. Tempeh hat mehr Biss als Tofu, weil er noch ganze Bohnen enthält.

Tofu
Das ist die Zutat, die beim Thema vegane Küche jedem zuerst einfällt. Tatsächlich ist Tofu ein geniales Zeug. Er hat eine gleichmäßige Konsistenz, die feiner verarbeitet ist als bei Tempeh,

und man kann unglaublich viel damit anstellen. Unser Video zu **Bacon-Tofu Slices** zählt nach wie vor zu den absoluten Favoriten auf unserem YouTube-Kanal, und als feinen Lachsersatz machen wir **Salmon en croute** aus Tofu.

Der einzige Nachteil solcher Fleischersatzprodukte ist, dass sie alle industriell erzeugt werden. Deshalb sollte man sie gemäß der 80:20-Regel (siehe Seite 126) eher als Leckerbissen oder gelegentliche Ausnahmen betrachten und nicht täglich verwenden.

Anmerkung zu Milchersatzprodukten
Es gibt ein paar wirklich eindrucksvolle Ersatzprodukte für Milch und Käse im Handel, wobei wir diese auch gern selbst herstellen. Bei veganem Käse gibt es ziemliche Unterschiede, also musst du dich durchprobieren. Wir selbst mögen die Produkte von Kinda Co. oder auch von Bute Island. In Deutschland hilft die Seite veggiesearch.de bei der Suche. Schon merkwürdig, dass wir einen Menschen auf den Mond bringen können, aber ohne Kuh noch keinen perfekten Käse zustande bringen! Immerhin wird daran gearbeitet.

Nährhefe
Für uns ein Zauberpulver. Der Geschmack der Trockenhefeflocken erinnert ein wenig an Parmesan. Man kann sie zum Schluss über ein Gericht streuen, damit veganen Käse erzeugen (siehe Seite 209) oder Saucen und Eintöpfe damit andicken.

Dein Teller kann die Welt verändern.

SO BOSH!ST DU JEDES REZEPT

Die meisten vielgekochten Lieblingsgerichte enthalten Fleisch oder Käse. Irgendwann wünscht man sich eine passende pflanzliche Alternative, ob für Gulasch oder für den Geburtstagskuchen. Wir zeigen dir, wie du sie veganisierst, also Fleisch oder Milchprodukte entfernst, ohne auf Geschmack und Raffinesse zu verzichten; ganz einfach, indem du ein paar Zutaten geschickt austauschst.

Lass dir zeigen, wie du jedes Rezept auf Pflanzen umstellen kannst, bis Freunde und Familie nicht einmal merken, dass etwas vegan ist.

Dass wir Gerichte von Berufs wegen veganisieren, macht uns zu Glückspilzen. Deshalb schreiben wir unsere Bücher: Wir wollen möglichst viele unserer Lieblingsgerichte allen zugänglich machen, die pflanzlich kochen wollen, ob einmalig oder jeden Tag.

Menschen essen seit Jahrtausenden Fleisch und tierische Produkte. Deshalb hatten sie unendlich viel Zeit, Milch, Käse, Eier, Fleisch und Fisch in jeglicher Variante zuzubereiten.

Wer ohne diese Zutaten kochen will, muss innovativ denken und sich ganz neue Zubereitungsmethoden erschließen.

Es gibt so viel zu entdecken, so viel Neues zu schmecken. Das begeistert uns.

Normalerweise startet unser kreativer Prozess, indem wir ein beliebtes, nicht-veganes Rezept oder Gericht wählen und überlegen, wie wir es ohne tierische Produkte ver**BOSH!**en können. Aber das reicht uns nicht, denn es geht uns nicht *nur* ums Veganisieren. Das Ergebnis soll Spaß machen, superlecker sein und realistisch machbar. Deshalb verwenden wir leicht erhältliche Zutaten. Dann kosten wir und verfeinern das Gericht in unserer Küche so lange, bis es endlich so schmeckt, wie wir es uns vorstellen. Wir lassen nicht locker, ehe es perfekt ist. Erst dann drehen wir das Video oder nehmen das Rezept in ein Buch auf.

KOCHEN ERFORDERT ÜBUNG

Eine kleine Warnung: Beim **BOSH!**en bewegst du dich im Experimentalstadium. Du kannst unglaubliche Dinge erfinden, aber es kann auch völlig danebengehen. Wer unter Zeitdruck steht (6 hungrige Mäuler am Esstisch), sollte lieber auf bewährte Rezepte zurückgreifen. Dann bist du sicher, dass es klappt. Du willst schließlich nicht den Biskuit vermurksen oder Burger wie Schuhsohlen fabrizieren. Also immer erst probekochen.

Butter und Margarine

In jedem guten Supermarkt gibt es Versionen ohne Milchprodukte. Die Mengen bleiben genau gleich. Zum leichten Anbraten kannst du dein Lieblingsöl verwenden, zum Beispiel Olivenöl oder Rapsöl.

Käse

Das ist ein Megathema. Vielen fällt es wegen des Käses sehr schwer, ihren Milchproduktekonsum einzuschränken.

Wir fanden es gar nicht so schwer. Wo es für ein Rezept sinnvoll ist (zum Beispiel in einer Bechamelsauce), verwenden wir pflanzlichen Käseersatz, den man inzwischen überall bekommt. Prüfe die Sorten, die es in deiner Nähe gibt, auch die verschiedenen Optionen wie geraspelt, zum Streichen oder zum Überbacken.

Probiere deinen Käse, bevor du ihn verwendest, damit du dein Gericht nicht mit einem Produkt ruinierst, das dir nicht schmeckt. Nährhefe (siehe Seite 143) kann einem pflanzlichen Gericht ebenfalls eine Käsenote verleihen. Experimentiere unbedingt herum.

Sahne

Hier gibt es viele Ersatzprodukte auf Soja-, Mandel- oder Haferbasis. Mit einem guten Standmixer kannst du auch blitzschnell eine eigene Cashewsahne herstellen. Und wenn du Schlagsahne möchtest, bietet der Einzelhandel auch hier bereits Lösungen an, oder du improvisierst mit der dicken Schicht am Deckel einer Dose kalter Kokosmilch.

Eier zum Backen

Inzwischen gibt es sehr viele Eiersatzprodukte. Zum Binden beim Backen taugen beispielsweise Leinsamen, Banane, Apfelmus, pürierte Früchte, milchfreier Joghurt, Öl oder Erdnussbutter. Hinzu kommen überzeugende Erzeugnisse zum Anrühren. Absolut genial ist Aquafaba („Bohnenwasser", also die Flüssigkeit aus einer Dose Kichererbsen, die sich aufgeschlagen genau wie Eiweiß verhält), das man sehr schön für eifreies Baiser und Mousse verwenden kann.

Rührei und Co.

Für Spiegeleier oder gekochte Eier gibt es keinen überzeugenden pflanzlichen Ersatz. Aber man kann mit Tofu und Kurkuma eine ebenso köstliche wie nahrhafte Rührtofu-Variante erzielen und mit Tofu oder Kichererbsenmehl Quiches, Pfannkuchen, Omelettes oder Frittatas backen.

Fisch

Pflanzliche Ersatzprodukte für Fischfilet, Fischburger, Garnelen oder Thunfisch aus der Dose sind relativ leicht zu finden. Du kannst auch eigene Versionen herstellen: Tofu ist eine gute Alternative, weil er eine ganz ähnliche Konsistenz wie Kabeljau hat. Den Geschmack erzeugst du mit etwas Zitrone, Essig, Kapernlake und Nori. Wenn man Tofu in Nori einwickelt, imitiert dies sehr gut die Fischhaut und steuert einen typisch fischigen Geschmack bei. Oder du bestreust dein Gericht mit zerbröselten Norialgen – köstlich! Wenn dir nach überbackenem Fisch der Sinn steht, könntest du gemischte Pilze mit den oben genannten Fischaromen anreichern. Das wirkt ziemlich realistisch. Zwei Zentimeter lange Stücke von Kräuter-Seitlingen ergeben ein sehr gutes Kammmuschel-Imitat.

Gelatine

Ein tierisches Produkt, um Flüssigkeiten zu gelieren, das für viele Süßigkeiten verwendet wird. Gelatine wird gewonnen, indem man Haut, Sehnen, Bänder und Knochen auskocht. Gute Alternativen sind Agar Agar, Pektin aus Früchten oder Xanthan.

Honig

Honig kann man durch dieselbe Menge Ahornsirup oder anderen Sirup (Agavennektar, Rübensirup, Reissirup, Dattelsirup) ersetzen.

Fleisch

Lebensmittelhersteller und Supermärkte geben sich viel Mühe, um den beliebten Fleischgeschmack nachzuahmen. Für Hackfleisch, Würste und Burger gibt es diverse Ersatzprodukte. Für eine Lasagne, Bolognese-Sauce oder einen Hackfleischauflauf kannst du herzhafte Veggie-Würste oder -Burger hacken oder pürieren. Oder du verwendest fein gehackte Pilze oder gegarte Linsen für ein individuelles Veggie-Hack.

Von Derek Sarno hat Ian die Technik übernommen, Austernpilze mit BBQ-Sauce zu mischen – für ein unvergleichliches BBQ-Pulled „Pork". Sieh dir unsere YouTube-Videos mit Derek an! Du kannst die Pilze auch hacken, unter Wärmeeinwirkung flach drücken und dann anbraten, um fantastische „Rippchen" zu erhalten. Junge grüne Jackfruits aus der Dose (in Wasser) sind ebenfalls ein guter Fleischersatz. Henry verwendet Jackfruit gern für Hoi Sin Pizza (als Entenersatz) oder überall, wo man gebratenes Putenfleisch bräuchte.

Bei Steak und Schnitzel wird es schon schwieriger. Wir stellen leckere Veggie-Steaks aus Seitan her, die man mitunter auch im Supermarkt findet. Einige Hersteller bieten pflanzliche Versionen von Spare Ribs, Ente, Huhn, Schinken und sogar

Entenleberpastete an. Weitere Alternativen sind Tofu und Tempeh. (Mehr zu diesen beliebten Fleischersatzprodukten auf den Seiten 142 und 143.) Marinierte Auberginenscheiben, Paprika, Tofu oder sogar Reispapier eignen sich bei etwas Experimentierfreude als Bacon-Ersatz.

Milchprodukte

Hier wird es einfach: Ersetze Kuhmilch durch pflanzliche Produkte. Probiere verschiedene Pflanzendrinks durch, bis du etwas Passendes gefunden hast. Wir bevorzugen Haferdrink! Einige Marken bieten barristafreundliche Versionen für den Cappuccino an. Eine Art „Buttermilch" erzielst du mit einem Schuss Zitronensaft oder Essig in deiner Pflanzenmilch (die im Handel nicht „Milch" heißen darf, weil das dem Lebensmittelrecht widerspricht). Probiere Produkte auf der Basis von Mandeln, Hafer, Cashewkernen, Soja und Hanf oder stell sie selber her. Wir finden die ungesüßten Sorten am besten.

Teig

Hier ist die Auswahl groß. Die meisten Supermärkte bieten Fertigteig an, der mit Öl erzeugt ist, nicht mit Butter oder Milch. Prüfe die Inhaltsstoffe oder mach den Teig selber.

Joghurt

Hier ist der Austausch so leicht wie bei Milch. Pflanzliche Joghurts gibt es fast überall. Kokosjoghurt schmeckt natürlich nach Kokos; das solltest du beim Kochen beachten. Sojajoghurt schmeckt neutraler.

HER MIT DEN PROTEINEN!

Die Frage nach der Proteinversorgung wird uns häufig gestellt, wenn Leute überlegen, ob sie vegan essen wollen. Die Sorge, bei veganer Ernährung nicht genug Eiweiß zu bekommen oder als Vegetarier massenweise Eier essen zu müssen, ist sehr verbreitet. Dafür besteht jedoch kein Anlass.

Der Körper benötigt Proteine, um Zellen aufzubauen und zu reparieren. Proteine setzen sich aus 20 Aminosäuren zusammen. Viele kann der Körper selbst herstellen, aber 9 Aminosäuren müssen wir über die Ernährung aufnehmen. Sie werden als *essenzielle Aminosäuren* bezeichnet.

„Vollständige Proteine" liefern alle 9 essenziellen Aminosäuren, und Fleisch und tierische Erzeugnisse sind immer vollständige Proteine. Im Gegenzug gibt es nur eine Handvoll pflanzlicher Proteinquellen, die diese 9 Aminosäuren bereitstellen, nämlich Quinoa, Buchweizen und Soja. Das bedeutet allerdings nicht, dass sich der Proteinbedarf nur über diese Proteinquellen decken lässt. Wir brauchen im Tagesverlauf viel Abwechslung, um alle essenziellen Aminosäuren aufzunehmen. Brot mit Erdnussbutter ist eine vollständige Kombination. Auch Getreide mit Hülsenfrüchten (Reis mit

Erbsen oder Chili mit Reis) liefert alle 9 Aminosäuren. Mit einer abwechslungsreichen, vielseitigen Ernährung bekommst du, was du brauchst.

Unsere besten Turbo-Proteine

- Fettreduzierter Hummus mit Vollkorn-Pita oder Falafel

- Müsli mit Joghurt (etwas Proteinpulver unterziehen), dazu frische Früchte und Beeren, Nüsse, Samen und etwas Erdnussbutter

- Ein Proteinriegel für unterwegs

- Proteinkugeln aus Nüssen, Samen und Haferflocken mit Dörrpflaumen und anderen Geschmacksgebern

- Ein cremiger (grüner) Smoothie aus gemischtem Gemüse, ein paar gut gewählten gesunden Früchten, etwas Proteinpulver und Erdnussbutter in Pflanzenmilch (siehe Rezept auf Seite 190)

- Proteinreiches Daal (Proteine und Ballaststoffe in Form von Linsen), perfekt abgeschmeckt (wir empfehlen natürlich **Ians herrliches Daal mit Roti** aus **BISH BASH BOSH!**

SNACKEN – NA KLAR!

Es gibt zwei Sorten Menschen in der Welt: Diejenigen, die gerne mal was naschen, und die Lügner.

Wir naschen gerne! Aber bei einer pflanzlichen Ernährung sind die Snacks wohl die größte Umstellung. Du kannst süßen Verlockungen bestens widerstehen? Hervorragend. Wir allerdings möchten von Zeit zu Zeit etwas naschen, und dann sind wir froh über Alternativen ohne tierische Produkte. Und dabei geht es uns nicht nur um Müsliriegel, Nüsse und Früchte. Es gibt vegane Versionen für Schokoladenkuchen, Kekse, Cupcakes, Chips, Süßigkeiten und alles, was das Herz begehrt. Man muss nur wissen, worauf zu achten ist.

Jedenfalls sind die Zeiten vorbei, wo man gedankenlos ins Regal gegriffen hat. Wir waren ziemlich schockiert, als wir feststellen mussten, wie viele unserer Lieblingschips Milchpulver enthalten und in wie vielen Süßigkeiten Gelatine steckt. Auf Seite 167 sind die kritischen Inhaltsstoffe aufgelistet.

Kuchen und Kekse

Kekse sind in der Regel Markenprodukte, und online findet man schnell Listen von Produkten für Veganer. Gebackener Kuchen enthält normalerweise Eier, Milch oder Butter und ist daher selten vegan. Achte auf Begriffe wie „rein pflanzlich", „vegan" oder „ohne". Im Zweifelsfall nachfragen!

Müsli

Müslis sind in der Regel pflanzlich (wobei wir natürlich keine Milchprodukte ergänzen). Lies sicherheitshalber die Liste der Inhaltsstoffe. Tierische Bestandteile verstecken sich gern in Form von Honig oder der Milch in Schokoladenstückchen.

Schokolade

Dieses Geschenk der Götter ist rein pflanzlich, bis es in der Fabrik mit Milch vermischt wird. Wähle Schokolade mit einem Kakaoanteil von mindestens 70 Prozent. Wir lieben den Geschmack! Manche Hersteller bieten auch vegane weiße und „Milch"-Schokolade an. Achte bei den Inhaltsstoffen auf Zutaten wie Molke, Milch, Laktose oder Buttermilch (mehr dazu auf den Seiten 166 bis 169). Herkömmliche Schokoriegel kommen leider nicht in Frage, denn sie enthalten allesamt tierische Produkte. Es gibt jedoch pflanzliche Ersatzprodukte (oder du machst sie selbst).

Kekse und Cracker

Auch angebliche Butterkekse sind mitunter vegan. Kritische Zutaten wären Milch, Eier, Butter, Molke oder tierische Fette.

Kartoffelchips

Chips sind fast immer pflanzlich, denn sie bestehen (eigentlich) nur aus Kartoffeln, Salz und Öl. Gewürzzusätze wie Salz,

Essig oder Chilipulver sind unproblematisch. Bei Cheese & Onion, Fleisch- oder Fischgeschmack beruhen die Aromen oft (aber nicht immer!) auf tierischen Produkten. Milchpulver ist inzwischen ein beliebter Zusatz, also immer die Inhaltsstoffe prüfen.

Dips

Dips sollten ohne Sahne, Joghurt, Milch oder Käse zubereitet sein. Die besten Dips (Hummus, Baba Ganoush und Guacamole) kann man gut kaufen oder noch besser (und billiger) selber machen. Guacamole aus dem Regal kann mitunter Milch enthalten.

Donuts

In der Regel mit Eiern und Milch zubereitet (ganz zu schweigen von anderen unerwünschten Dingen). Also – lieber nicht! Oder du suchst nach pflanzlichen Versionen bei Spezialanbietern.

Speiseeis

Vor 20 Jahren war das ein schwieriges Thema, doch heutzutage hat fast jeder Supermarkt milchfreies Eis im Sortiment.

Pfannkuchen, Crêpes und Waffeln

Frisch gebacken enthalten sie in der Regel Eier und Milch. Frag an deinem Waffelstand nach oder lerne, wie du diese Leckereien selber bäckst (wir haben online ein tolles Rezept).

Frisches Gebäck

Wir lieben Croissants, doch die enthalten meist Butter. Also backen wir unsere selbst. Manche Geschäfte bieten auch rein pflanzliche Croissants, Schokohörnchen oder Zimtschnecken an.

SCHNELLE SNACKS

- Einen Apfel achteln, Kerngehäuse entfernen, die Schnitze erst in Nussbutter, dann in Rosinen tunken und genießen. Mal wiederholen, und du strahlst wie ein Honigkuchenpferd!

- Eine Scheibe Vollkornbrot toasten, mit Nussbutter und Himbeerkonfitüre bestreichen. Dazu passt eine Tasse Tee mit Hafermilch.

- Eine Vollkornpita toasten, in Streifen schneiden, diese in Hummus tunken und etwas veganes Pesto darauf streichen. Schmeckt köstlich!

- Etwas Müsli in eine Schüssel geben, eiskalte Mandelmilch darübergießen und mit ein paar Beeren bestreuen.

Popcorn

Popcorn besteht aus gepoppten Maiskörnern, ist also pflanzlich, egal ob süß oder salzig. Karamellpopcorn enthält allerdings wahrscheinlich tierische Produkte. Experimentiere selbst mit Nährhefe, Chiliflocken oder Kräutern, bis du deine Lieblingsgeschmacksrichtung findest.

Snacks und Proteinriegel

Viele sind rein pflanzlich, aber manche können Honig, Ei oder Molkepulver (Wheyprotein) enthalten. Neuere Marken tragen oft ein Veganzeichen auf der Packung. Achte also auf die Inhaltsstoffe.

Aufstriche

Nusscremes oder Konfitüren sind ebenso köstlich wie vegan. Schokoladenaufstriche jedoch sind milchhaltig, wenn nicht ausdrücklich als „ohne Milch" ausgewiesen. Auch Palmöl sollten sie nicht enthalten – mehr dazu auf Seite 163.

Süßigkeiten

Die meisten Süßigkeiten sind zum Glück nicht vegan, was durchaus gesund ist! Weiche Süßigkeiten enthalten vielfach Gelatine (aus Schweine- oder Rinderknochen). Harte oder gekochte Bonbons sind in der Regel rein pflanzlich. Mitunter mogeln sich jedoch Inhaltsstoffe wie Schellack (E 904), Bienenwachs oder Honig in die Zutaten.

Sahnebonbons, Karamell, Konfekt

Traditionell mit Sahne, Butter oder Milch hergestellt, aber es gibt bereits viele milchfreie Varianten. Zutaten beachten.

Turkish Delight

Diese Süßigkeit ist von Natur aus tierfrei und wird mit Maisstärke angedickt. Nicht zu verwechseln mit Türkischem Honig, der Eiweiß und Honig enthält!

IAN ZUM THEMA SNACKEN

Es klingt wie ein Stereotyp, doch vegane Snacks sind tatsächlich sehr hummuslastig. Anfang des Jahres hatte ich Appetit auf eine Kleinigkeit und stöberte im Kühlschrank herum. Dort fand ich ein halbes Glas Hummus, ein paar Möhren und eine halbe Packung Linsensprossen. Bingo!

Ich tunkte meine Möhre erst in den Hummus, dann in die Sprossen. Das Ergebnis sah aus wie ein alienverrückter Wissenschaftler. Schmeckte aber gut!

Bei der Wiederholung streute ich noch Sesamsamen darauf und beträufelte das Ganze mit Tabasco. Optisch völlig abgefahren. Wie ein blutender, alienverrückter Wissenschaftler mit Schuppen ... Ich schickte ein Foto an eine Freundin. Die Antwort: „Brr. Sieht aus wie ein Viech in einer Petrischale unter dem Mikroskop." Aber mir war das Aussehen egal, denn es schmeckte.

Also wappne dich! Ein veganer Snack wirkt mitunter irritierend, aber er ist immer lecker. Nur keine Scheu vor Experimenten.

FALSCHE FREUNDE

Überraschend viele völlig unverdächtig wirkende Lebensmittel enthalten tierische Bestandteile. Daher gilt immer: Inhaltsstoffe lesen (mehr dazu auf Seite 166). Einiges hat uns aber doch überrascht, und darum geht es hier:

Bier und Wein

Fischleim (aus Fischblasen) wird verwendet, um manche Weine und die meisten echten Ales zu verfeinern. Im Produktionsprozess werden gern Eier, Gelatine oder Kasein (ein Milchprotein) eingesetzt. Die meisten guten Lager-Biere sind unbedenklich. Mehr dazu auf Seite 195.

Brot und Backwaren

Brot besteht eigentlich aus Mehl und Wasser, aber es gibt Ausnahmen. Brioche und Croissants enthalten meist Milch oder Butter, Naan-Brot ist normalerweise milchhaltig.
Pommes Frites werden gerade in guten Restaurants gern in Rinder- oder Gänsefett frittiert. Frag nach dem verwendeten Öl: Pflanzliches Öl ist unproblematisch.

Oliventapenade

Die meisten Tapenade-Rezepte enthalten Anchovis, also Fisch.

Pasta

Frische Teigwaren in jeglicher Form werden gern mit Eiern hergestellt, weil der Teig dadurch geschmeidiger wird. Eiernudeln enthalten natürlich frische Eier oder Trockenei. Hartweizennudeln sollten kein Ei enthalten – Inhaltsstoffe prüfen.

Pesto und Nudelsaucen

Häufig enthalten solche Saucen Parmesan oder anderen Käse. Wenn nicht „milchfrei" oder „vegan" draufsteht, am besten selber machen.

Tempura und andere frittierte Speisen

Der Teig für Tempura oder Zwiebelringe enthält vielfach Milch oder Eier.

Vegetarische Würste, Veggie-Burger, Veggie-Hack

Achtung, solche Produkte können Milch oder Eier enthalten. Achte darauf, dass sie ausdrücklich rein pflanzlich sind.

Gewachste oder beschichtete Früchte

Äpfel, Orangen oder Avocados werden gern mit Wachs oder anderen Substanzen beschichtet, die aus Schellack gewonnen werden (und damit aus den Sekreten der Lackschildlaus).

Bei Orangen und Avocados isst man dies normalerweise nicht mit, weil man die Schale entfernt. Du kannst aber auch nach unbehandelten Früchten fragen.

Worcestershiresauce

Traditionelle Worcestershiresauce enthält Anchovis, also brauchst du eine pflanzliche Version. Henderson's Relish wäre eine Alternative.

Wir raten immer zum Prüfen der Inhaltsstoffe. Ansonsten bitte entspannt bleiben.

Verurteile dich nicht, wenn du bei grenzwertigen Produkten wie gewachsten Früchten etwas großzügiger bist. Triff eigene Entscheidungen – dann fällt dir eine rein pflanzliche Ernährung schrittweise immer leichter und wirkt auch für andere mühelos.

PALMÖL

Palmöl ist ein echter Streitpunkt. Rein technisch ist es vegan, denn es wird nur aus Pflanzen gewonnen. Allerdings fallen seiner Produktion weltweit riesige Regenwaldflächen zum Opfer, also Lebensraum für Millionen Tiere, Vögel und Pflanzen.[104]

Palmöl hat damit erheblichen Anteil am Verschwinden der Regenwälder.

Das Thema ist insofern wichtig, weil es den Sinn eines veganen Lebens in einen größeren Zusammenhang stellt. Manche halten Palmöl nicht für vegan, weil für seine Erzeugung Tiere leiden müssen. Andererseits beeinträchtigt jegliche Lebensmittelproduktion die Natur, selbst wenn wir noch Einkorn mit der Sichel schneiden würden, um daraus Brot zu backen.

Wir persönlich machen um Palmöl lieber einen Bogen, finden es aber auch nicht tragisch, gelegentlich Produkte mit Palmöl zu essen. An dieser Stelle kannst du nur nach dem eigenen Gewissen entscheiden, wie weit du mit dem veganen Leben gehen möchtest.

Beachte bei deiner Entscheidung, wie viele Produkte Palmöl enthalten – das reicht von Backwaren bis hin zu veganen Brotaufstrichen und manchen Nussmusen. Mit weitgehend veganer Ernährung leistest du bereits einen großen Beitrag, also mach es dir nicht zu schwer. Schritt für Schritt!

EINKAUFEN

DIE LISTE DER INHALTSSTOFFE

Zum Übergang zu einer pflanzlichen Ernährungsform gehört zunächst der genaue Blick auf die Zutaten. Für manche ist das der abschreckendste Teil der Umstellung. Sobald du mehr Routine hast, wird dir schnell klar, wie man tierische Inhaltsstoffe entlarvt. Bald ist es ganz einfach, die Angaben zu überfliegen und deine Entscheidung zu treffen.

Nebenbei wird einem immer besser bewusst, was man seinem Körper so alles zumutet. Wann immer du die Inhaltsstoffe durchgehst, erkennst du, ob etwas Tierisches darin enthalten ist, siehst aber auch die Konservierungsstoffe und alles Sonstige. Danach überlegt man zweimal. Wenn man bei allem, was man isst, die Inhaltsstoffe kennt, wird eine gesunde Ernährung einfacher. Und mit jeder Kaufentscheidung unterstützt du Unternehmen, die hochwertigere Produkte herstellen, die häufig auch besser für unseren Planeten sind.

WAS STECKT IN DIESEM PRODUKT?

Ist es eine Einzelzutat? Oder ein Produkt aus einer Kombination von Inhaltsstoffen? Bei einer einzelnen Zutat brauchst du dich nur zu fragen: „Stammt das von einem Tier?" Bei Lebensmitteln aus diversen Zutaten musst du die Liste der Inhaltsstoffe lesen, also das Kleingedruckte. Die folgende Checkliste hilft dir dabei. Wenn du unsicher bist, lies bitte online weiter.

1 Findest du Begriffe wie „rein pflanzlich", „100 % pflanzlich", „vegan" oder „für eine vegane Ernährung geeignet"? Wenn ja, bist du auf der sicheren Seite. Achte auf geprüfte Vegan-Logos (siehe unten). Diese Logos bürgen für vegane Qualität und ersparen dir das zeitraubende Studium der Inhaltsstoffe. Es gibt noch weitere Logos, jedoch unterscheiden sich hier oft die Maßstäbe für Inhaltsstoffe und Kontrollen.

2 Steht da „für Vegetarier geeignet" oder „vegetarisch"? Das ist ein guter Anfang, aber hier könnten Milchbestandteile oder Eier vorkommen. Auch die Angabe „Ohne Milch" ist mit Vorsicht zu genießen, denn hier könnte immer noch Hühnerei drin sein. Also immer genau nachlesen.

3 Prüfe die Liste der Inhaltsstoffe: Findest du tierische Zutaten? Achte zuerst auf die üblichen Verdächtigen wie Fleisch, Fisch, Milchprodukte, Eier oder Honig. Rein rechtlich müssen die Hersteller häufige Allergene deutlich (in Fett- oder Großdruck) kennzeichnen. Bei nicht veganen Produkten geht es hierbei meist um Eier, Milch, Molke und Kasein.

4 Prüfe jetzt die nachfolgende Liste von Inhaltsstoffen.[105] Keiner der hier genannten Stoffe sollte in den Produkten, die du einkaufst enthalten sein.

Albumin: Normalerweise aus Eiern

Elastin: Aus den Bändern und Aorten von Kühen

Fischleim: Aus Fischblasen

Gelatine oder **Aspik:** Wird durch das Auskochen von Haut, Sehnen, Bändern bzw. Knochen gewonnen

Gelée royale: Futtersaft für die Bienenkönigin

Kasein: Gern verwendetes Milchprotein

Keratin: Aus Haut, Knochen und Bindegewebe von Tieren
Kollagen: Aus Haut, Knochen und Bindegeweben von Tieren
Laktose: Milchzucker
Pepsin: Aus Schweinemägen
Propolis: Erzeugen Bienen für den Ausbau des Bienenstocks
Schellack: Aus Insektenkörpern
Talg/Schmalz: Tierisches Fett
Vitamin D3 und **Lebertran:** Fischöl
Wheypulver, Molke, Molkeprotein: Nebenprodukt der Käseherstellung

⑤ Viele Lebensmittelfarben und -zusatzstoffe sind pflanzlichen Ursprungs. Sehr häufig werden jedoch auch die Folgenden verwendet:

E 120 (Karmin), ein roter Farbstoff aus zerdrückten Scharlachschildläusen. Worauf daneben zu achten ist:[106]

E 441: Gelatine – wird durch Auskochen von Haut, Sehnen, Bändern und Knochen gewonnen

E 542: Knochenphosphat – aus zermahlenen Tierknochen; hält Lebensmittel feucht

E 901: Bienenwachs – gern zum Glasieren benutzt

E 904: Schellack – ein weiteres Glasiermittel; aus dem Sekret der Lackschildlaus

E 910, E 920, E 921: L-Cystein und dessen Derivate – aus Tierhaaren und Federn; wird mitunter in Brot verwendet

E 913: Lanolin – ein Sekret von Schafen und anderen wolligen Tieren. Es wird vor allem in Kosmetika eingesetzt, ist aber häufig Grundlage für die Vitamin-D3-Gewinnung, weshalb viele Multivitaminpräparate und mit D3 angereicherte Produkte für Veganer ungeeignet sind

E 966: Lactitol – aus Laktose, die wiederum aus Milch gewonnen wird

Unsere letzte (sehr wichtige) Anmerkung: Auch wenn alle genannten Kriterien passen, kann noch auf dem Produkt stehen: „Kann Milchbestandteile enthalten", „Kann Spuren von Ei enthalten" oder „In einer Anlage hergestellt, die Milch und Ei verarbeitet." Macht nichts. Wir haben kein Problem damit, etwas aus einem Werk zu essen, das auch tierische Produkte verarbeitet. Wir wollen lediglich, dass unser Essen ohne diese Zutaten erzeugt wird. Auch hier entscheidest du selbst.

Das war's auch schon! Merk dir die passenden Produkte oder fotografiere diese Seiten, damit du sie immer bei dir hast, wenn du einkaufen gehst.

Das Lesen der Inhaltsstoffe wird bald ganz alltäglich und gehört bei jedem neuen Produkt automatisch dazu.

PRAXISTEST: IST DAS VEGAN?

Eine Tüte Chips, Thai Sweet Chili

Inhaltsstoffe: Kartoffeln, pflanzliches Öl (Sonnenblumenöl, Rapsöl, in unterschiedlichen Anteilen), Gewürzmischung, Salz, Stabilisator (Kalziumchlorid); Gewürzmischung enthält: Zucker, Fruktose, Buttermilchpulver (enthält Milch), getrocknete Sojasauce (Soja, Weizen), Tomatenpulver, Zwiebelpulver, hydrolysiertes Sojaprotein, Aroma, Knoblauchpulver, getrocknete Petersilie, Chilipulver, Kaliumchlorid, getrocknete rote Paprika, Paprikapulver, Farbstoff (Paprikaextrakt). Hinweise: Für Vegetarier geeignet | Enthält **Milch** | Enthält **Soja** | Enthält **Weizen** | Ohne künstliche Farbstoffe | Ohne künstliche Konservierungsstoffe | Ohne Natriumglutamat

X Diese Chips sind nicht vegan, denn sie enthalten Buttermilchpulver, und sogar die Aufschrift warnt: „Enthält Milch." Was Milch in Chips mit Thaiwürzung zu suchen hat, ist eine andere Frage ...

Eine Tüte Brausebonbons

Inhaltsstoffe: Glukosesirup, Zucker, Gelatine, Dextrose, Säure: Zitronensäure, Äpfelsäure, karamellisierter Zuckersirup; Früchte- und Pflanzenkonzentrate: Apfel, Aronia, Distel, Hibiskus, Holunderbeeren, Kiwi, Mango, Möhre, Orange, Passionsfrucht, Schwarze Johannisbeeren, Spirulina, Trauben, Zitrone; Aroma, Holunderbeerextrakt. Hinweise: Ohne künstliche Farbstoffe

X Hier sind zwar keine fett gedruckten Allergene aufgeführt, aber die Bonbons enthalten Gelatine (wie viele gelierte Süßigkeiten), die zumeist nicht rein pflanzlich ist.

Nudelgericht mit Cashewsauce

Inhaltsstoffe: Cashew-Creme mit Käsegeschmack (Sojadrink [Wasser, Sojabohnen, Kalzium, Vitamine B_2, B_{12}, D_2], Wasser, Weizenmehl, Cashewnüsse, Sonnenblumenkerne, Sonnenblumenöl, Hefeflocken, Zwiebeln, Dijonsenf [Wasser, Senfkörner, Essig, Salz], Apfelessig, Zitronensaft, Meersalz, Schwarzer Pfeffer, Sorghummehl), Makkaroni (16 %) [Vollkornhartweizen Semolina, Wasser], Pilze mit Schinkengeschmack (Zuchtchampignons, (8 %), Sonnenblumenöl, Flüssigrauch [Wasser, natürliches Hickory-Raucharoma, Essig, Rübensirup, Salz], Schwarzer Pfeffer), geröstete Kirschtomaten (Kirschtomaten (6 %), Balsamico-Essig [Weinessig, konzentrierter Traubenmost (Enthält: Sulfite), Sonnenblumenöl], Grünkohl (4 %), Sonnenblumenkerne. Hinweise: Keine

 Hier passt alles! Keine tierischen Inhaltsstoffe.

Eine Packung Kekse

Inhaltsstoffe: Weizenmehl, Zucker, Palmöl, Rapsöl, fettreduziertes Kakaopulver 4,5 %, Weizenstärke, Glukosesirup, Backtriebmittel (Kaliumcarbonat, Ammoniumcarbonat, Natriumcarbonat), Salz, Emulgatoren (Sojalecithin, Sonnenblumenlecithin), Aroma. Hinweise: Für Vegetarier geeignet | Kann Milch enthalten | Enthält **Soja** | Enthält **Weizen**

? Hier ist der Milchgehalt fraglich, und es sind nur pflanzliche Allergene genannt. Außerdem finden wir den Hinweis, „für Vegetarier geeignet". Aber was bedeutet: „Kann Milch enthalten"? In diesem Fall stammt das Produkt aus einem Werk, wo auch milchhaltige Produkte erzeugt werden. Deshalb steht nicht „für Veganer geeignet" auf der Packung. Manche Veganer ziehen es vor, nichts aus Betrieben zu essen, die auch tierische Produkte verarbeiten. Wir machen uns da eher weniger Gedanken. Allerdings zählt auch Palmöl zu den Zutaten, weshalb wir wohl eher verzichten wurden (mehr zur Grauzone bezüglich Palmöl auf Seite 163).

SPARSAM LEBEN ALS VEGANER

Auf einer Podiumsdiskussion sprachen wir vor mehreren hundert Menschen über nachhaltige Ernährung.

Ein Teilnehmer meinte, eine vegane Ernährung sei ein Luxus, den sich nicht viele leisten könnten. Wir waren anderer Ansicht, kamen aber ins Grübeln.

Pflanzenbetont, vegan oder vegetarisch zu essen ist nicht teuer. Das meiste, was wir alle täglich essen (auch Fleischesser), besteht ohnehin aus Pflanzen. Fleisch und tierische Produkte sind häufig das Teuerste an einer Mahlzeit. Eier sind in der Tat eine preisgünstige Proteinquelle, auf die Veganer verzichten, aber Hülsenfrüchte sind extrem billig, besonders in größeren Mengen. Wenn es um supergünstige Fertigmahlzeiten oder Fast Food geht, ist es wahrscheinlich einfacher, nicht-vegane Angebote zu finden. Wer sich die nötigen Kochkenntnisse aneignet, kann sich jedoch auch bei knapper Kasse vegan und gesund ernähren.

Diese Ernährungsform ist kein Privileg und für alle erschwinglich. Veganer sparen eher Geld (siehe Seiten 78 und 79). Hier sind unsere Toptipps für alle, die rein pflanzlich *und* preiswert essen wollen.

Zutaten kaufen
Klingt logisch, aber wir meinen damit: Kauf nichts Fertiges. Kaufe die Basics und koche selbst. Selber kochen ist billiger und normalerweise auch gesünder, weil du schonender vorgehen kannst.

Nie hungrig einkaufen gehen!
Das gilt nicht nur für deinen veganen Supermarkt, sondern für jeden Lebensmittelkauf. Ausgehungert kauft man eher etwas, was den sofortigen Appetit stillt. Also geh lieber einkaufen, wenn du satt bist, oder bestelle mit vollem Bauch online.

Tiefkühlware
Tiefgekühlt sind Gemüse und Früchte normalerweise billiger und häufig sogar frischer als „frisch", weil sie sofort nach der Ernte eingefroren werden. Greif zu bei Früchten, Beeren, Gemüse und Kräutern.

Sonderangebote nutzen
Nutze Sonderangebote für Standardzutaten, sofern die Haltbarkeit stimmt. Oder kaufe frische Produkte, die noch am selben Tag verkauft werden müssen, und friere sie ein, bis du sie brauchst.

Keine „veganen" Ersatzprodukte

Wer sparen will, sollte auf ausdrücklich als „vegan" oder „frei von ..." gekennzeichnete Produkte verzichten. Solche Alternativen (Käseersatz, Sojawürste) können ins Geld gehen. Wenn du unbedingt so etwas essen möchtest, könntest du es auch selber machen. Anfangs tappt man leicht in die Falle, vegane Fertigmahlzeiten zu kaufen. Am besten eignest du dir ein paar rein pflanzliche Standardrezepte an, damit du nie in Verlegenheit gerätst. Auf Seite 231 findest du ein paar Anregungen für die schnelle vegane Rettung.

Eigenmarken einbeziehen

Das kann deutlich günstiger sein als Markenprodukte. Die meisten Supermärkte bieten auch bei den Eigenmarken milchfreie Versionen an. Du musst sie nur finden (Inhaltsstoffe prüfen!). Auf der Jagd nach guten Preisen lohnt sich der Blick nach unten. Günstigere Produkte sind häufig ganz unten eingeräumt.

Die Menge macht's

Beim Kauf großer Mengen spart man am meisten. Vielleicht entdeckst du einen passenden Großhändler, oder du nimmst einfach die großen Tüten. Frische Produkte kannst du einfrieren, trockene Vorräte in der Speisekammer lagern.

Asiamarkt & Co.

Spezialitätengeschäfte für bestimmte Regionen haben mitunter bessere Preise. Bei Gewürzen, Gemüse, Tofu, Nudeln, Linsen, Tomaten in der Dose oder auch Erdnussbutter kann man im passenden Laden eine Menge sparen.

Wochenmarkt

Auf dem Wochenmarkt oder am Straßenstand kann man oft ein Schnäppchen machen. Dabei denken wir nicht an gelegentliche Bauernmärkte oder Herbstmärkte in Touristenorten – die sind eher übertrieben teuer. Auf dem klassischen Wochenmarkt sind die Preise angemessen; und du unterstützt lokale Betriebe.

Saison beachten

Iss, was gerade reif ist – bei großem Angebot sinken die Preise. Informiere dich, was in deiner Gegend wann geerntet wird. Wir freuen uns riesig über die ersten neuen Kartoffeln zu Beginn des Sommers! Ein guter Kartoffelsalat mit frischen Kräutern passt perfekt zu jedem Barbecue. Und im Spätsommer schwelgen wir in dicken, saftigen Brombeeren, wenn die stacheligen Büsche im Garten von Ians Eltern Früchte tragen. Perfekt für den Kuchen!

Früchte und Gemüse einfrieren

Zu viel Obst und Gemüse im Kühlschrank? Dann frier es ein. So sparst du Geld und musst weniger wegwerfen – ein Beitrag zum Umweltschutz. Geschält, gehackt und eventuell entkernt bleiben Obst und Gemüse im Tiefkühler bis zu zwei Monate frisch. Geschälte, tiefgekühlte Bananenstücke sind super für Smoothies oder zur Eisherstellung. Smoothiezutaten kann man portionsgerecht im Gefrierbeutel einfrieren und dann bei Bedarf pürieren.

Kochen statt bestellen

Möglichst viel zu Hause kochen. Je mehr du kochst, desto mehr Erfahrung sammelst du und beherrschst bald viele preiswerte und leckere Gerichte.

Kreativ kochen

Kreativität in der Küche ist lernbar, und bald kannst du alles verwerten, was im Kühlschrank steckt. Regelmäßig Neues auszuprobieren ist dabei eine große Hilfe. Wer die Kunst „Kühlschrank plündern und loskochen" beherrscht, ist immer im Vorteil. Das Prinzip ist einfach: Nutze, was du hast, und mach daraus eine kleine Köstlichkeit. Wir verbrauchen zum Beispiel gern Gemüsereste, indem wir sie gebacken mit Nudeln auf den Tisch bringen. Das funktioniert so:

Den Backofen auf 180° Celsius vorheizen. Eine **Zucchini,** eine **Paprika** und eine **rote Zwiebel** grob hacken, auf einem Backblech ausbreiten, mit **Olivenöl** beträufeln, **salzen** und **pfeffern** und 25 Minuten backen. Das Blech aus dem Ofen nehmen, eine Dose **stückige Tomaten** hinzufügen, mit ½ TL **italienische Kräuter** würzen, alles vermischen, abschmecken und weitere 20 Minuten backen. Während das Gemüse im Ofen ist, die **Nudeln** nach Packungsanweisung kochen. Das Blech aus dem Ofen nehmen, die Nudeln mit einem Schuss Kochwasser hineingeben, gut vermengen und servieren.

Natürlich geht es bei der großen Kühlschrankplünderung nicht immer nur um Nudelsaucen! Angebratene Vollkornweizennudeln, ein veganes Omelett mit Kichererbsenmehl, ein schnelles Bohnenchili, gebratener Reis mit Asiawürzung, Tofusteak und gegrilltes Gemüse, Tofu-Scramble auf Toast oder Couscoussalate sind im Handumdrehen fertig, wenn der Hunger plagt.

Eigenanbau
Wer den nötigen Platz hat, ob im Garten, auf dem Balkon oder auf dem Fensterbrett, kann vieles selbst anbauen. Frische Kräuter oder Chilis wachsen auf dem Fensterbrett, für Kartoffeln, Zucchini, Tomaten und viele andere Gemüsesorten braucht man nur ein kleines Beet. Das ist ebenso umweltfreundlich wie gesund und frei von Chemie.

Getrocknete Bohnen

Bohnen oder Kichererbsen aus der Dose sind praktisch, aber Selberkochen ist deutlich billiger (und schmeckt besser). Getrocknete Kichererbsen bitte über Nacht einweichen und dann (je nach Rezept) 35 bis 60 Minuten leicht kochen lassen, dabei auf die Beschaffenheit achten. Das dauert zwar seine Zeit, aber wenn du mehr zubereitest, kannst du den Rest für später einfrieren. Getrocknete Bohnen sind Jahrzehnte haltbar. Nach mehr als zwei Jahren Lagerung sind sie allerdings so trocken, dass Einweichdauer und Kochzeit sich verlängern. Der Nährwert bleibt dabei unverändert.[107]

Vorkochen und einfrieren

Auf Vorrat zu kochen und einen Teil einzufrieren spart Zeit und Geld. Bereite die doppelte, dreifache oder vierfache Portion Chili zu und friere den Rest portionsweise ein. Bei Bedarf in der Mikrowelle oder im Ofen erwärmen – das geht schneller als Kochen und ist gesünder als eine Fertigmahlzeit.

Mahlzeiten planen

Eine kluge Wochenplanung erleichtert das sparsame Wirtschaften. Wir planen normalerweise am Wochenende, was wir in den kommenden Tagen essen wollen, schreiben eine Liste und holen dann alles auf einmal. Langfristig sparen wir dabei. Mehr zur Essensplanung steht auf Seite 232.

Das Haus teilen wir uns mit Henrys Verlobter EmJ und unserer Freundin Anna (hey, Anna!). Wir leben alle vegan, kochen mit Begeisterung und sind echte Genießer. Trotzdem sparen wir, wo wir können. Wie viele andere WGs haben auch wir eine interne WhatsApp-Gruppe fürs Haus. Wenn mal kein Essen geplant ist, wird die Gruppe normalerweise gegen 17 Uhr aktiv, wenn einer plötzlich sagt: „Leute, was gibt es eigentlich heute Abend?", „Ich würde gern kochen, wer ist dabei?" und „EmJ, machst du dann heute einen Hotpot oder was anderes?" Sobald wir ausgehandelt haben, was es zu essen gibt und wer kocht, düst einer nach der Arbeit zum Einkaufen und besorgt alles Nötige. Die Rechnung wird geteilt, damit keiner auf den Kosten sitzen bleibt. Das geht auch mit Nicht-Veganern! Dann macht ihr das einfach an den Tagen so, wo du kochst. Je öfter du so vorgehst, desto häufiger isst der ganze Haushalt vegan, und am Ende haben alle etwas davon!

Reste zum Lunch mitnehmen

Im Alltag verbrauchen wir Reste vom Vorabend meistens am nächsten Tag als Lunch. Dazu kochst du bei einem Curry, einem Chili oder einem Nudelgericht von vornherein mehr und ergänzt mittags nur etwas Gemüse oder Salat. So hast du zwei Mahlzeiten zum Preis von einer (etwas größeren!).

Eine anständige Grundausstattung

Manche Menschen kochen ungern, weil sie nicht gut ausgerüstet sind. Für gutes Kochgeschirr musst du aber keine Bank überfallen. Aktuell bekommt man eine anständige Grundausstattung mit Töpfen, Messern, Backblech, Holzlöffeln, Schere und Besteck zum Preis einiger Fertiggerichte. Dabei halten sie viel länger! Mit passendem Kochgeschirr fällt dir das Kochen leichter, und du sparst Geld.

Das gehört in eine gute Küche:

- Abtropfsieb
- Alufolie
- Backbleche in verschiedenen Größen
- Bratpfanne
- Eieruhr
- feine Reibe
- feines Sieb
- Gemüseschäler
- Grillpfanne
- grobe Reibe
- Hackbretter
- Küchenmaschine (oder/und Stabmixer)

- Küchenwaage
- Messbecher
- Messlöffel
- Messer – mindestens drei hochwertige plus ein Wetzstahl
- Nudelholz
- Ofenfeste Schüssel
- Ofenfeste Servierschüsseln
- Schöpfkelle
- Teigschaber
- Tofupresse
- Vorratsdosen (aus Glas)
- Zange

IM SUPERMARKT

MIT HENRY UND IAN

Unsere ersten Ausflüge in den Supermarkt als Veganer waren sehr merkwürdig. Bestimmt haben uns die Ladendetektive beobachtet, als wir immer wieder dieselben Gänge abliefen, Waren in die Hand nahmen, wieder weglegten und zwischendurch das Handy zückten. Mindestens einmal haben wir aufgegeben und kurzerhand einen Falafel-Wrap gekauft.

Sobald du im Supermarkt rein pflanzliche oder vegane Produkte suchst, wird es knifflig. Meistens liegen Zehntausende an Produkten in den Regalen – das ist viel Prüfarbeit! Um sich hier durchzuwühlen, braucht man eine Strategie. Hilfreich ist:

UNSERE TOPTIPPS

1. Handy mitnehmen und im Zweifelsfall die Zutat nachschlagen.
2. Einkaufszettel schreiben. Dann weißt du, wonach du Ausschau halten willst.
3. Immer die Inhaltsstoffe überprüfen (kann man nicht zu oft betonen, siehe Seite 166).
4. Ruhig mal online bestellen: Für die ganze Woche vorplanen und ins Haus liefern lassen.

IM SUPERMARKT

1

Praktischerweise findet man die frischen Produkte in der Regel in den äußeren Gängen, weil hier eine schnellere Befüllung möglich ist. Frisches Obst und Gemüse finden wir also in der Regel in der Nähe des Wareneingangs. Hier hältst du nach Bananen, Äpfeln, Orangen, aber auch Paprika, Tomaten, Salat, Spinat, Auberginen, Zucchini, Knoblauch und Zwiebeln Ausschau, zudem nach frischen Kräutern und Brot (ohne Käsekruste!).

2

Danach gehen wir zu trockenen Zutaten wie Reis oder Nudeln und zu den Dosen (Dosentomaten). Wer mag, kann auch anderes Gemüse in der Dose oder im Glas nehmen. Wir lieben geröstete rote Paprika in Öl, sonnengetrocknete Tomaten und Maiskörner sowie natürlich Bohnen aller Art für die Proteine und Kichererbsen für Hummus (aus der Dose oder getrocknet). Auch bei Nüssen und Leinsamen, mit denen wir Smoothies und Müsli um wertvolle Fette anreichern, greifen wir zu.

3

Natürlich soll das Essen nicht fad schmecken, also geht es weiter zu den Gewürzen. Nie ausgehen sollten Salz, Pfeffer, Paprika, Chiliflocken, Kreuzkümmel, gemahlener Zimt und italienische Kräuter. Gleich nebenan stehen Olivenöl, Sesamöl und Balsamico-Essig, womit wir alles für ein schnelles Salatdressing beisammen haben.

4

Ergänzend kommen Nudel- und Currysaucen hinzu, falls es mal schnell gehen muss. Hier prüfen wir noch einmal die Inhaltsstoffe, damit wir nicht versehentlich tierische Produkte kaufen (siehe Seite 166).

5

Der Einkaufswagen sieht jetzt schon recht eindrucksvoll aus! Wer uns sieht, fragt sich, warum wir so gesund sind. Wir sind schon ziemlich weit und haben für mehrere Tage zu essen, gehen aber noch weiter.

6

Mit all diesen Grundnahrungsmitteln kommen wir zu den Milchersatzprodukten. Wir packen ein paar Kartons von unserem Lieblingshaferdrink sowie Kokosjoghurt ein. Manchmal nehmen wir auch Käseersatz mit. Wenn wir ein neues Produkt entdecken, probieren wir gern aus, ob es uns schmeckt.

7

Bei den Tiefkühlprodukten greifen wir bei den Beeren zu (perfekt für Smoothies), aber auch bei den Veggie-Würsten und unseren Lieblingsburgern. Manchmal packen wir ein milchfreies Eis ein (da gibt es inzwischen interessante Sorten).

8

Erst jetzt peilen wir die Ecke für Veganer an. Das meiste haben wir bereits (und zwar billiger als in veganer Fertigversion), aber hier nehmen wir vielleicht noch ein veganes Pesto oder ein paar Kekse mit. Sehr lecker!

9

Am Ende strotzt der Wagen vor Obst, Gemüse und einfachen Backwaren. Wir haben ein paar Fertigsaucen und Fleischersatz, falls es mal schnell gehen soll, und insgesamt ist alles frisch, gesund und farbenfroh. Jetzt wird bezahlt und nach Herzenslust vegan geschmaust.

GETRÄNKE

EINE GUTE TASSE TEE

Wir werden oft gefragt, was uns bei rein pflanzlicher Kost am schwersten fällt. Dann sagen wir: Das Schlimmste ist, um fünf Uhr aufzustehen und die Mandeln zu melken.

Spaß muss sein! Du brauchst deinen Koffeinkick? Zum Glück sind Tee, Kaffee und die meisten Heißgetränke pflanzlich. Aufpassen musst du also nur bei der Milch. Fast alle Supermärkte bieten pflanzliche Alternativen in diversen Varianten an.

Trotz anderer Behauptungen sind Pflanzendrinks grundsätzlich genauso gut wie (wenn nicht besser als) Kuhmilch (siehe Seite 87). Natürlich muss man verschiedene Produkte ausprobieren, besonders für einen guten Milchschaum, aber irgendwann stößt du auf die Geschmacksrichtung, die dir wirklich schmeckt, und dann findet man Kuhmilch mit der Zeit häufig etwas eklig.

Kaffee, Espresso, Latte, Milchkaffee, Frappuccino und so weiter

Am einfachsten ist es für alle, die ihren Kaffee ohnehin schwarz trinken. Kaffee ist rein pflanzlich (nur Kaffeebohnen und Wasser), also unproblematisch. Ob Espresso, Americano, Filterkaffee oder Instantkaffee (den nicht jeder als Kaffee akzeptiert) – das alles ist vegan. Vielleicht bekommst du ein Fair-Trade-Produkt? Sie verbessern die Lebensbedingungen auf den Kaffeeplantagen.

Du möchtest einen cremigeren Kaffee? Dann nimm Pflanzendrinks. Die meisten Coffee Shops halten längst passende Angebote bereit. Vor fünf bis zehn Jahren wäre das noch schwieriger gewesen, aber das hat sich geändert.

Wenn wir frei entscheiden können, nehmen wir zwei am liebsten **Hafermilch**. Sie ist in Bezug auf den Wasser- und Energiebedarf am umweltfreundlichsten,[108] schmeckt gut und relativ unaufdringlich, und die besten Marken halten Barista-Versionen für wunderbar cremigen Kaffee bereit. Auch **Sojamilch** ist eine gute Wahl. Sie hat eine vernünftige Konsistenz und schmeckt angenehm süßlich.

Mandelmilch ist sehr delikat und ergibt bei korrekter Zubereitung tollen Latte. Probiere ruhig auch einmal **Kokosmilch** aus. Vielleicht kommst du mit dem deutlichen Kokosaroma gut zurecht.

Probier alles aus und entscheide, was dir schmeckt!

Tee aller Art

Tee basiert stets auf Blättern, die ihr Aroma an Wasser abgeben, ist also wie Kaffee rein pflanzlich. Als Briten trinken wir unseren Schwarztee gern mit einem Schuss Milch. Hafermilch oder Sojamilch eignen sich gut dazu (auch durch ihre Süße), und es gibt auch sehr schmackhafte Cashewdrinks. Mit Mandelmilch wird es schwieriger, weil die Konsistenz nicht unbedingt passt. Experimentiere ein wenig herum. Wie beim Kaffee sollte man heutzutage überall pflanzliche Alternativen bekommen können.

Wer seinen Tee lieber ohne Milch trinkt (wie der Rest der Welt), kann getrost davon ausgehen, dass alle Teemischungen pflanzlich sind. Nur Honig möchtest du vielleicht meiden. Zum Süßen eignen sich auch Ahornsirup oder ganz normaler Zucker (mehr zu Zucker auf Seite 140).

Heiße Schokolade

Trinkschokolade ist selten pflanzlich, sondern enthält in der Regel Milch. Man kann sie zwar ganz leicht auf Pflanzenbasis herstellen, aber im Café oder Restaurant ist das die Ausnahme. Auch Sahne ist kritisch zu betrachten. Es gibt zwar einzelne Sorten auf pflanzlicher Basis, aber das sind bisher seltene Ausnahmen.

> Für eine selbstgemachte vegane heiße Schokolade erhitzt du einen **Pflanzendrink** deiner Wahl bis kurz vor dem Kochen. Ein paar Stücke **hochwertige dunkle Schokolade** hinzufügen und unter Rühren schmelzen lassen. Abschmecken und auf Wunsch mit **Zucker** abrunden.

HENRY UND DER TEE

Ich trinke gern Kaffee. Wir arbeiten bei **BOSH!** sehr viel, und an manchen Tagen trinke ich bis zu 5 Tassen. Ich weiß, dass das eigentlich zu viel ist, aber er schenkt mir so unglaubliche Energie!

Meistens nehme ich einen Espresso oder einen Haferlatte. Haferdrinks sind ein besonders umweltfreundlicher Milchersatz, weil für die Erzeugung weniger Wasser verbraucht wird als zum Beispiel für Mandeln.[109] Ich nehme jedoch, was da ist. Außerdem trägt so ein Latte zur Versorgung mit Kalzium und Vitamin B_{12} bei.

EmJ hingegen liebt Tee. Sie trinkt bis zu 5 Tassen pro Tag, was für die meisten Briten normal sein dürfte. Als echtes Midlands-Gewächs ist sie mit ihrem Tee überaus eigen.

Sie hat alle Pflanzendrinks durchprobiert, bis sie bei Haferdrinks hängengeblieben ist. Wobei Drinks auf Soja- oder Cashewbasis auch gehen. Mandeldrinks hingegen können zerfallen und dem Tee ein Nussaroma verleihen. Und Kokosmilch im Tee geht gar nicht!

SMOOTHIES UND SÄFTE

Unser Lebenselixier ist der tägliche **grüne Gesundheits-drink**. Immer wieder werden wir gefragt, wie man als Veganer denn alle Nährstoffe bekommt. Neben dem täglichen Multivitaminpräparat verweisen wir daher auf den morgendlichen Smoothie mit reichlich Gemüse und gesunden Nährstoffen.

Rhonda Patrick hat einen Doktor der Humanphysiologie. Sie kombiniert Apfel, Avocado, Banane, Grünkohl, Heidelbeere, Leinsamen, Mangold, Möhren, Spinat und Tomaten zu einem Multivitamindrink voller Thiamin, Folsäure, Magnesium, Mangan, Kalium und Kupfer, Ballaststoffen und den Vitaminen A, C und K. Mehr dazu unter „Rhonda Patrick's Micronutrient Smoothie" auf YouTube.

Wir finden den so genial, dass wir eine eigene Version ausgetüftelt haben. Dieser Smoothie liefert Energie pur:

Je **50 g Grünkohl**, **Spinat** und **Mangold**, **8 Heidelbeeren** sowie **50 ml Wasser** in einen Standmixer geben und in 1 bis 2 Minuten gleichmäßig zerkleinern. Das Fleisch von **½ Avocado** hinzufügen. **½ Banane**, **½ Apfel**, **2 Kirschtomaten**, **1 EL Erdnussbutter** und **200 ml Wasser** hinzufügen.

Mit der Blitz-Funktion zu einem dicken cremigen Smoothie aufschlagen (auf Wunsch noch etwas Wasser hinzufügen). Das ist ein Fitnesskick für den ganzen Tag.

Doch auch mit einem fertig gekauften Smoothie kannst du dem Körper viel Grünzeug zuführen. Er sollte nur weder Milch noch Honig enthalten, also sage beim Bestellen genau, was du willst. Normale Milch lässt sich gut durch Pflanzendrinks ersetzen.

Nach einem Workout füllt ein zusätzlicher Messlöffel Proteinpulver die Reserven wieder auf. Smoothies werden solche Proteine ohnehin oft zugesetzt. Achte darauf, dass das verwendete Pulver rein pflanzlich ist, denn die meisten Proteindrinks beruhen auf Molke, die wiederum aus Milch gewonnen wird und somit eben nicht pflanzlich ist. Alternativen sind Proteine aus Hanf, Erbsen oder Sonnenblumen. Kaufe einfach 100 %igen Fruchtsaft, dann bist du auf der sicheren Seite. Manche Fruchtsaftgetränke oder Nektare können Fischgelatine oder Vitamin D3 (eventuell aus Schafwolle) enthalten, um mehr Nährstoffe zu liefern. Geh also sicherheitshalber die Inhaltsstoffe durch.

WASSER

Das beste Getränk ist Wasser. Es ist gut für die Gesundheit insgesamt, aber mit mehr Obst und Gemüse nimmst du auch mehr Ballaststoffe auf, und dafür brauchst du genug Wasser.

Mit acht Gläsern (zwei Litern) Wasser pro Tag hast du, was du brauchst. Wenn du ein oder zwei Gläser davon in Form von Limonade, Saft oder Kaffee aufnimmst, ist das immer noch gut. Aber das sollte die tägliche Mindestmenge sein.

Du magst kein Wasser? Dann solltest du lernen, diese Abneigung zu überwinden. Als Mensch kannst du dich selbst entscheiden und beschließen, dass Wasser gar nicht so übel ist. Sobald du seine heilsamen Eigenschaften und seine Reinheit zu schätzen weißt, kannst du erwachsen werden und dich von süßen Getränken lösen – was sofort Geld spart.

LEITUNGSWASSER?

Leitungswasser ist quasi kostenlos, gut überwacht und überall verfügbar. Eventuelle Chemie kannst du mit günstigen Wasserfiltern für den Kühlschrank herausfiltern. Wir machen das seit unserem Umzug nach London so. Auf dem Land schmeckt Trinkwasser einfach frischer als in der Großstadt.

WASSER MITNEHMEN

Wasser in der Plastikflasche dürfte der größte Marketingerfolg der jüngeren Zeit sein. Die Vorstellung, (frei erhältliches) Wasser in Flaschen zu kaufen, wäre Menschen früher lächerlich erschienen. Heute sind Plastikflaschen aus der Gesellschaft kaum wegzudenken und machen so viel Müll, dass international Maßnahmen gegen Einwegflaschen gefordert werden. „Single-use" wurde 2018 vom Collins Dictionary zum Wort des Jahres erklärt.

Entscheiden wir uns also für eine wiederverwendbare Flasche, die wir bei Bedarf nachfüllen, dem Beispiel der Müllvermeiderinnen Lauren Singer und Venetia Falconer folgend.

ALKOHOL

Mit 21 reiste Henry durch Australien und trank damals eimerweise „Goon", wie dort superbilliger Wein aus dem Karton bezeichnet wird, den sich langhaarige Backpacker (wie Henry) direkt aus der Packung in die Kehle gießen. Er erinnert sich gut an den Moment, als er herausfand, dass dieser Fusel oft mit Eiern und Fischkiemen erzeugt wird. Wer tut so etwas in den Wein?

Seit wir beide vegan leben, mussten wir feststellen, dass dies auf einige alkoholische Getränke zutrifft. Erschütternd viele Biere werden mit Hausenblase (von Fischen) gefiltert. Und auch viele Weine enthalten tierische Bestandteile wie Gelatine (tierisches Protein), Kasein (Milchprotein) und Albumin (Eiprotein) oder werden damit erzeugt.

Es kann sich alles Mögliche in alkoholische Getränke verirren, ob Insekten, Blut, Knochen, Krabben, Gelatine, Honig oder Fischblasen. Das sind jedoch Ausnahmen, denn die meisten Alkoholika sind glücklicherweise pflanzlich.
Im Gegensatz zu Lebensmitteln wird auf dem Etikett allerdings nicht darauf hingewiesen, ob bei der Produktion tierische Bestandteile verwendet wurden. Viele Leute, die sich vegan oder vegetarisch ernähren, machen sich über die Herstellung keinen Kopf. In diesem Fall kannst du die nächsten Abschnitte überspringen.

Wenn du jedoch sicher sein willst, dass dein Wein nicht mit Fischblasen gefiltert wurde, solltest du weiterlesen. Wir verraten dir, worauf du achten könntest.

Bier, Ale und Cider

Die Faustregel lautet: Lagerbiere sind für gewöhnlich rein pflanzlich, echtes Ale hingegen ist es nicht. Premium Lager ist fast immer tierfrei, insbesondere wenn es aus Belgien oder Deutschland (Reinheitsgebot) stammt. Ein paar internationale Premiumbiere sind für Veganer derzeit ungeeignet, also schau genau hin. Schließlich gibt es genügend Alternativen.

Bei echtem Ale wird zum Filtrieren normalerweise Hausenblase eingesetzt, womit es für Veganer nicht mehr taugt. Das sind meist Saisonbiere, und das Personal weiß nicht unbedingt Bescheid über den jeweiligen Brauprozess. Einige größere Ale-Brauereien rücken inzwischen von Hausenblase ab, sodass mehr vegane Optionen auf den Markt kommen.

Bei Cider setzt man zum Filtrieren meist auf Gelatine. Aber auch dies ändert sich, also informiere dich am besten online. Dank der wachsenden Nachfrage der Veganer, Vegetarier und Flexitarier bemühen sich die Hersteller zunehmend um rein pflanzliche Versionen.

Wein, Prosecco und Sekt

Wein wird aus Trauben gewonnen und sollte demnach pflanzlich sein. Leider werden Wein, Prosecco und Sekt wie Ale häufig mit Substanzen tierischen Ursprungs gefiltert. Diese tierischen Bestandteile sind im Endprodukt zwar normalerweise nicht mehr enthalten, wurden aber dennoch verwendet.

Wir finden die Vorstellung von Fischteilchen, die durch unseren Wein rinnen, ziemlich schauerlich und sehen uns daher lieber nach naturbelassenem Wein um. Dabei handelt es sich um traditionell erzeugten, möglichst unverfälschten und wenig oder gar nicht filtrierten Wein ohne Zusätze oder Sulfite. So etwas ist üblicherweise Bioqualität und rein pflanzlich. Solche Weine lassen sich nicht ganz so lange lagern, sind aber vermutlich besser für uns und für die Erde und könnten wegen des geringeren Schwefelanteils auch weniger Kater nach sich ziehen. Zum Glück bieten immer mehr Supermärkte und Restaurants veganen Wein an, also frag ruhig nach. Oder du informierst dich auf einer Internetseite für vegane Angebote wie *barnivore.com* (auf Englisch) oder kaufst bei einem spezialisierten Onlinehändler.

Spirituosen

Die gute Nachricht? Wodka ist rein pflanzlich! Das gilt auch für praktisch alle klaren Schnäpse sowie Gin und Tequila. Sofern kein Honig drinsteckt, sind die harten Sachen völlig okay. Achtung, auch in Rum und Bourbon kann sich im Einzelfall Honig verstecken. Normalerweise jedoch brauchst du bei Bourbon, Scotch, Irish Whiskey, Aperol und Rum nicht lange nachzudenken.

Baileys oder Eierlikör hingegen sind nicht vegan, wobei es inzwischen kuhmilchfreien Baileys gibt. Kahlúa ist vegan! Vergewissere dich im Zweifelsfall im Internet auf Veganer-Seiten wie *barnivore.com* (auf Englisch).

Fertigdrinks

Wir werden bestimmt nicht empfehlen, dosenweise fertig gemixte Drinks zu konsumieren (zumal Rum mit Ingwer eine echte Geschmacksverirrung ist). Wenn du das trotzdem willst: Lies nach, bevor du trinkst. Das meiste dürfte pflanzlich sein, aber mitunter mischen sich überflüssige Milchprodukte oder Honig in die Zutaten.

Cocktails

Die meisten Cocktails mit den oben genannten Spirituosen sind vegan. Bei Caipirinha, Mojito, Margarita, klassischem Martini, Espresso-Martini, Jagerbomb, Moscow Mule, Daiquiri, Singapore Sling oder Cosmopolitan brauchst du dich also nicht zu sorgen.

Ein paar wenige Cocktails solltest du in milch- und eifreier Variante ordern. Hierzu gehören Whiskey Sour, Amaretto Sour und andere saure Cocktails, die mit Eiweiß angedickt werden. Solche Drinks schmecken auch ohne das Eiweiß (oder lassen sich mit Aquafaba andicken, siehe Seite 148).

In einer guten Bar kannst du das gezielt so bestellen. Dort wirst du beraten, welche Cocktails rein pflanzlich sind.

White Russians oder entsprechende Variationen enthalten in der Regel Kuhmilch. Aber vielleicht kann man dir eine pflanzliche Alternative mixen.

Chambord (Schwarze-Himbeeren-Likör) wird leider mit Honig gesüßt. Vor unseren veganen Zeiten haben wir viele Partys veranstaltet (wir hatten sogar einen Hot Tub auf dem Dach, aber davon ein andermal!). Zu unseren Lieblingscocktails zählte Prosecco mit einem Schuss Chambord (und vielleicht einer gefrorenen Traube). Dass Chambord nicht vegan ist, hat uns schwer erschüttert. Wir haben ihn sofort gestrichen, und jetzt, wo wir etwas älter und weiser sind, gibt es auch weniger Hot-Tub-Partys.

Bloody Mary – dieser klassische Cocktail ist weder vegan noch vegetarisch. Die Worcestershiresauce darin wird aus zerdrückten Anchovis erzeugt. Entweder verlangst du eine Bloody Mary ohne Worcestershiresauce, oder du verzichtest.

Softdrinks und Mixgetränke

Die meisten Softdrinks fast aller Marken sind vegan. Das Etikett sollte alle Inhaltsstoffe nennen, also lies sicherheitshalber nach.

Ein intensiver Orangeton kann allerdings auf Schwebeteilchen aus Fischgelatine hindeuten, mit denen die ungewöhnliche Farbe stabilisiert wird.

KOCHEN

KOCHEN MIT PFLANZEN

Die Umstellung auf vegane Ernährung kam uns vor wie ein Neustart im Gehirn. Wir haben immer gern gekocht und hatten ein breites Standardrepertoire.

Mit der Entscheidung, vegan zu werden, war das alles passé – als hätte jemand abrupt das Tischtuch samt Tellern weggezogen. Auf die Erfahrung konnten wir auf einmal nicht mehr bauen. Wir befürchteten, auf alle Lieblingsessen verzichten zu müssen. Zum Glück war das ein Irrtum.

Besonders besorgt waren wir wegen der Standardgerichte. Schließlich hatte es bei uns bestimmt alle 14 Tage Spaghetti Bolognese gegeben. Das mussten wir sofort veganisieren. Glücklicherweise konnten wir das Hackfleisch für die Bolognese-Sauce problemlos durch gemischte Pilze ersetzen.

Fish and Chips waren ebenfalls ein Klassiker bei uns, doch wir haben den Fisch durch festen Tofu ersetzt und mit Zitronensaft, Kapernlake und Nori-Algen das gewünschte Aroma erzeugt. Paniert, frittiert und mit doppelt frittierten Pommes Frites war das zum Niederknien! Heute bekommt man „Tofish" and Chips in jedem fortschrittlichen Imbiss. Doch auch einfachste Gerichte wie Bohnen und Käse auf Toast und eine Tasse Tee bedurften der Überarbeitung. Wir brauchten gute vegane Ersatzprodukte für Butter, Käse und Milch. Nach den ersten Anlaufschwierigkeiten schmecken unsere Käse-Bohnen-Toasts jetzt so gut wie eh und je.

Denn man kann nahezu alles auch vegan zubereiten. Deshalb präsentieren wir genau diese rein pflanzlichen Lieblingsrezepte in unseren ersten beiden Kochbüchern. Dein geliebtes Steak mit Pommes? Ge**BOSH!**t. **Lasagne**? Ge**BOSH!**t. Ein saftiger, fetttriefender **Cheeseburger**? Ge**BOSH!**t. Jedes Gericht lässt sich veganisieren, und in unseren Kochbüchern und YouTube-Kanälen verraten wir regelmäßig, wie das geht.

Pflanzliche Lebensmittel liefern bunte Vielfalt und Aromen und beinhalten echtes Innovationspotenzial. Die Gleichsetzung von pflanzlicher Nahrung mit „trist" oder „langweilig" ist längst überholt. Die meisten intensiven Aromen stammen von Pflanzen, ob von Kräutern, Gewürzen oder einfach köstlichem Obst und Gemüse.

Es gibt viele Tausend Obst- und Gemüsesorten auf der Welt, die wir noch nie probiert haben. Wer die vegane Kochkunst erlernt, wird bald ungeahnte Aromen entdecken. Beim fleischlosen Kochen wirst du neue Methoden kennenlernen, wie man Geschmack aufbaut und abstimmt, neue Tricks, mit den Zutaten umzugehen, und ganz neue Küchentechniken auf dem Weg zur Meisterschaft.

UNSERE TOPTIPPS

1. Das passende Wissen aneignen. Anregungen liefern Bücher, Videos und Webseiten.

2. In der Küche Neues ausprobieren, und zwar zuerst bei deinen Standardgerichten mit Fleisch und Milchprodukten.

3. Tauschprodukte und Küchentricks lernen, um deine Lieblingsgerichte noch zu verbessern.

4. Mit dem Gemüse anfangen, das du kennst, und allmählich exotischere Zutaten einführen.

5. In Geduld üben und achtgeben. Angebrannte Zwiebeln schmecken scheußlich, machen deine Mühe zunichte und entmutigen.

6. Ganz Mutige besuchen einen passenden Kochkurs. Onlinekurse sorgen für schnelle Fortschritte und Erfolgserlebnisse in der Küche.

NEUE REZEPTE LERNEN

Ein paar Gemüserezepte beherrscht fast jeder, also bist du bestimmt schon auf gutem Wege. Dennoch ist es hilfreich, deine veganen Gerichte zu perfektionieren, damit du anderen demonstrieren kannst, wie lecker Pflanzen schmecken.

Unsere Rezepte gibt es auf YouTube kostenlos, denn wir haben **BOSH!** gegründet, um der Welt zu zeigen, wie man delikat *und* vegan kochen kann. Unsere Bücher gibt es nicht kostenlos (aber sie sind es wert!), und sie liefern jede Menge Anregungen. Wenn du sie noch nicht besitzt, kannst du auf unserer Website (oder anderen veganen Websites) nach passenden Rezepten stöbern.

Für den Anfang verraten wir hier ein paar Rezeptideen, bis du den Bogen raushast.

FRÜHSTÜCKEN WIE EIN KAISER

Ein englisches Frühstück oder ein Tofu-Scramble auf Toast. Ein herzhaftes Frühstück ist mit Veggie-Würstchen, ohne Bacon und mit einem guten Rezept für Tofu-Scramble schnell ge**BOSH!**t. Brutzel fröhlich drauflos und beeindrucke auch hartgesottene Fleischfans.

Ein supereinfaches Granola-Rezept. Ein knuspriges Granola-Müsli (inklusive reichlich Nüssen und Samen für die Nährstoffversorgung) kannst du aus vorhandenen Vorräten zaubern. So ein Frühstück ist blitzschnell fertig und schmeckt mit Kokosjoghurt, Beeren und ein paar Leinsamen noch besser.

Ein guter grüner Smoothie. Ob Flexitarier, Vegetarier oder Veganer, wir alle brauchen ausreichend Nährstoffe. Eine große Portion Grünzeug am Morgen sorgt für den richtigen Start. Achte darauf, dass Spinat oder Grünkohl (oder beides) dabei ist. Wir geben auch gern Leinsamen hinzu. Wenn dein Augenmerk besonders auf Proteinen liegt, kann Hanf- oder Erbsenprotein die Lösung sein. Dazu kommen eine Banane, eine Avocado und Pflanzenmilch. Probiere ein wenig herum oder nimm für den Anfang unser Rezept von Seite 190. Mit einem grünen Smoothie regelmäßig zum Frühstück dürfte es dir schnell erheblich besser gehen.

MITTAGS SATT UND FIT

Tofu. Unser beliebtestes Rezept ist **Crispy Chili-Tofu**, aber auch jede andere gegrillte, gebackene oder angebratene Tofuversion macht gut satt. Am besten lernst du, wie man Tofu presst und würzt und wie man damit den Proteinbedarf deckt. Uns schmeckt auch Rührtofu. Dazu benötigst du festen Tofu und Seidentofu für unsere „Zwei-Tofu-Technik". Das Ergebnis stellt auch echte Brunch-Liebhaber wie uns zufrieden.

2 Frühlingszwiebeln in feine Streifen schneiden, **1 Knoblauchzehe** fein reiben, **1 Block Seidentofu** pürieren und **1 Block festen Tofu** ausdrücken. **1 EL milchfreies Fett** in einer Pfanne auf kleiner bis mittlerer Stufe erwärmen. Die Frühlingszwiebeln und den Knoblauch 1 Minute darin anbraten. **¼ TL Kurkuma** und **1 TL schwarzes Salz (Kala Namak)** hinzugeben und ins Fett einrühren. Kala Namak hat einen charakteristischen Schwefelduft, der ideal den Eigeschmack imitiert. Kurkuma verleiht dem Gericht ein hübsches, sonniges Gelb. Den Seidentofu in die Pfanne gießen und rühren, bis er die Farbe von der Kurkuma angenommen hat. Den festen Tofu in die Pfanne bröckeln und langsam wenden, bis er gut durcherhitzt ist. Den Rührtofu auf Toast anrichten, mit Schwarzem Pfeffer würzen und mit Schnittlauch bestreuen. Dieses Gericht überzeugt durch Geschmack, Konsistenz, Proteingehalt und vor allem die Optik. Und es schmeckt!

Ein richtig gutes Sandwich! Wir lieben unser **Riesen-BLT-Sandwich**, bei dem wir den Schinken durch Tofustreifen ersetzen (oder du kaufst veganen Ersatzschinken).

Du kannst dein belegtes Brot endlos variieren mit:

- Kichererbsen-"Thunfisch"

- **Tofischstäbchen** und **Erbsenpüree mit Minze**

- BBQ Tofu-Steak

- Pulled BBQ Austernpilze

- Veganer Käse-Schinken-Salat

- Tofu-Rührei, Mayo und Salat

- **Pulled Jackfruit Sandwich**

- Veganes Würstchen und gebratene Zwiebeln

Käsetoast. Unser Appetit auf Käse hat nachgelassen, aber Käsetoast schmeckt uns nach wie vor. Veganer Käse ist nicht ganz so schmelzig wie Kuhkäse, aber er ist akzeptabel, zumal wir gern ein paar indische Brinjal Pickles dazupacken. Veganen Schmelzkäse findet man im Supermarkt, oder du machst ihn aus pürierten Cashewnüssen selber.

Indische Brinjal Pickles gibt es in großen Supermärkten bei den Spezialitäten oder im Asiamarkt. Mit diesem einfachen Rezept kannst du Zwiebeln auch selbst einlegen:

1 Knoblauchzehe schälen, halbieren und in eine Schüssel geben. **½ TL Zucker, ½ TL Salz** und **100 ml Essig** hinzufügen und unter Rühren auflösen. **1 mittelgroße rote Zwiebel** schälen und in feine Ringe schneiden. Die Ringe in ein Abtropfsieb geben und mit kochendem Wasser übergießen. Nach dem Abtropfen in die Schüssel füllen, unterrühren und 10 Minuten ziehen lassen.

Mehr als Falafel-Wraps

Bei der heutigen Hektik brauchen wir häufig auf die Schnelle etwas zu essen. Es ist hilfreich, sich vorab über besonders veggie-freundliche Restaurants zu informieren. Spaziere herum, prüfe die Speisekarten und merk dir, wo es viele Angebote gibt und wo nicht.

Denk daran, dass die Anbieter ihre Zutaten nicht so auflisten wie in Supermarktprodukten. Allerdings müssen sie über mögliche Allergene Auskunft geben können, zu denen beispielsweise Milch, Ei und Fisch zählen.

Früher bedeutete „rein pflanzlich", sich notfalls mit einem Falafel-Wrap zu begnügen. Was natürlich nicht das Schlechteste ist! Heute wird mehr experimentiert, und die Auswahl ist breiter. Frag nach, denn es gibt längst veganes Sushi, Thai-Gerichte, Suppen, Backwaren und Spezialsandwiches. Wenn dein Geschäft vor Ort noch keine fleischfreien Optionen anbietet, dann vielleicht in ein paar Monaten. Doch zum Glück gibt es immer einen Plan B!

Picknick aus dem Supermarkt. Besorge dir im nächsten Lebensmittelgeschäft etwas zu knabbern. Gemüse (Möhren, Paprika, Tomaten) mit Hummus ergibt einen supergesunden

Snack zur Mittagszeit. Eine Portion Hummus sollte es mittlerweile wirklich in jedem Supermarkt geben.

Vielleicht findest du auch Falafeln, salzige Kartoffelchips oder eine Handvoll Nüsse mit Rosinen. Solche Basics sind immer eine sinnvolle Option, wenn vor Ort kein passendes Essen angeboten wird.

VORSPEISEN UND BEILAGEN

Blumenkohl-Buffalo-Wings. Dieses Rezept aus unserem ersten Buch ist unser Favorit für Partys und demonstriert, wie leicht man nur mit Pflanzen pikant kochen kann. Die „Wings" sind unverschämt lecker, aber trotzdem ziemlich gesund.

Cashew-Käse. Das Rezept ergibt eine einfache Kräutercreme, die man gut auf Cracker streichen kann, die sich aber auch prima zum Dippen für die Buffalo-Wings eignet. Für eine festere Konsistenz die Wassermenge reduzieren:

> **310 g gut eingeweichte Cashewkerne** und **30 ml Wasser** im Mixer zu einer Paste verarbeiten. Weitere **30 ml Wasser, 1 TL Salz, 2 EL Kokosöl, 1 EL Nährhefe**, den Saft von **1 Zitrone** und **1 Knoblauchzehe** (geschält) hinzufügen. Pulsierend zu einer feinen Creme verarbeiten. Die Creme in eine Servierschüssel umfüllen und je eine kleine Handvoll frisch gehackte **Petersilie** und fein gehackten **Schnittlauch** hinzugeben. Die Kräuter unterheben, die Schüssel abdecken und den Cashew-Käse im Kühlschrank fest werden lassen.

Gemeinsam snacken. In guter Gesellschaft schmeckt es am besten. Mit diesen Ideen machst du auch größere Gruppen satt. Die Rezepte findest du online oder in unseren Büchern. Wir bekommen schon beim Gedanken daran Hunger!

- Tapas

- **Belegte Nachos** mit veganem Sauerrahm, Salsa und Guacamole

- Knusprige **Wild West Wings** mit Dips

- Tacos (sämtliche veganen Versionen)

- **Schnelle Pilze in Hoisinsauce** auf Pfannkuchen

- Rohe Gemüsestreifen mit Hummus

- **Party Poppers mit BBQ Sauce**

- Pizza

- **Big Bad Bhajis mit würzigem Tomatenchutney** und Raita

- Falafeln und **Baba Ganoush**

- **Sushi-Reis**

DEKADENTES ABENDESSEN

Chili sin carne. Chili sin carne ist ein einfaches Gericht mit unheimlich viel Geschmack, das auch Fleischesser überzeugt. Deine persönliche Version kannst du mit Pilzen, veganem Hack aus dem Supermarkt oder zerdrückten Veggie-Burgern oder -Würsten zubereiten. Linsen sorgen für noch mehr Biss.

Lasagne. Eine gute pflanzliche Lasagne geht ganz leicht. Wichtig ist dafür die vegane Béchamelsauce (mit Hefeflocken als Geheimzutat). Unser Lieblingsrezept ist die **Klassische Lasagne** aus **BISH BASH BOSH!**, alternativ empfiehlt sich die **Luxus-Lasagne** aus unserem ersten Kochbuch, die auch im BOSH.TV gezeigt wird. Probiere ein paar Rezepte aus, bis du weißt, was dir am besten schmeckt, oder veganisiere selbst.

Spaghetti Bolognese. Früher war das unser Leib- und Magengericht, und am Wochenende essen wir es nach wie vor sehr gern. Dazu gibt es grünen Salat. Wir ersetzen das Hackfleisch gern durch Pilze, aber man kann dafür auch Veggie-Würste zerdrücken oder fertiges Veggie-Hack kaufen. Ganz und gar genial wird die Sauce mit guten veganen Burgern – einfach kleinhacken.

Gemüsekasserolle mit Veggie-Wurst. Einfacher geht es nicht: Dosentomaten und Gemüse zusammen garen, Veggie-Wurst darin erhitzen und dazu ein bisschen Reis oder Brot.

DESSERTS

Mousse au Chocolat mit Minze. Diese einfache Schokoladenmousse wird deine Gäste begeistern.

85 g dunkle Schokolade im Wasserbad schmelzen lassen. Das Gefäß beiseitestellen. Im Standmixer die **Flüssigkeit aus einer 400 g-Dose Kichererbsen (130 ml Aquafaba)** zu einer dicken Creme aufschlagen, bis beim Herausziehen der Rührbesen kleine Spitzen stehen bleiben. Die

> geschmolzene Schokolade, **2 ½ EL Zucker, 1 EL Pfefferminzextrakt** und **1 Prise Salz** hinzufügen und mit einem Holzlöffel vorsichtig unterziehen. In Gläser oder Dessertschüsseln füllen und abgedeckt über Nacht kalt stellen. **15 g dunkle Schokolade** raspeln, die Desserts damit bestreuen, mit **Minzblättchen** garnieren und frisch servieren.

Schokoladenkuchen. Ob Geburtstag, Ehrentag oder Ostern – ein guter Schokoladenkuchen gehört zum Standardrepertoire. Unser **Ultimativer Chocolate-Fudge-Cake** wurde über vier Millionen Mal angesehen. Er ist so unglaublich saftig, dass einem schon beim Video das Wasser im Munde zusammenläuft.

Käsekuchen. Doch, auch dafür gibt es vegane Varianten. In **BISH BASH BOSH!** findest du unseren fantastischen **New York Style Cheesecake mit Erdbeeren**.

Chocolate Chip Cookies. Mit einem ofenfrischen Cookie liegst du nie verkehrt. Das Grundrezept lässt sich gut verändern. Such dir ein Rezept und leg los. Es kommt nur darauf an, dass die Kekse außen knusprig und innen klebrig sind.

FRISCHE SALATE

Das perfekte Salatdressing. Salate sind einfach und unendlich flexibel in der Zusammenstellung. Doch erst das passende Dressing macht einen Salat zum Gedicht. Unsere Standardvariante sieht so aus:

> **3 EL Olivenöl extra vergine, 1 EL Balsamico-Essig** und **je 1 Prise Salz und Pfeffer** in einen Schüttelbecher geben,

verschließen und kräftig durchschütteln. Fertig! Über den Salat gießen und losfuttern.

Delikater Linsensalat mit Spezialdressing. Ideal für den Extrakick Proteine und Nährstoffe. Anfangs haben wir um Linsen eher einen Bogen gemacht, denn wir fanden sie *zu* vegan. Ein böser Irrtum! Mit gebackenem Gemüse können Linsen fantastisch schmecken. Hier ist ein schnelles, verteufelt gutes Dressing, das Linsen noch mehr Aroma schenkt:

3 EL Olivenöl, 1 TL Dijon-Senf, den Saft von **½ Zitrone** und **1 TL Granatapfelsirup** (inzwischen in vielen Supermärkten erhältlich) in einem Schüttelbecher gut durchschütteln. Das Dressing über den Linsensalat träufeln oder die Linsen darin wenden.

Salat mit Pesto. Salate werden häufig mit Käse angereichert, aber ein gutes, selbst gemachtes Pesto mit Pinienkernen, Mandeln oder Miso würzt genauso gut wie Feta oder Parmesan. Mit einem feinen Pesto ohne Milchprodukte kannst du sowohl Salate als auch Nudelgerichte aufpeppen.

100 g Pinienkerne (leicht geröstet), **50 g Basilikumblätter, 1 kleine Knoblauchzehe,** geschält und gehackt, den Saft von **1 kleinen Zitrone, 2 TL Hefeflocken, 100 ml Olivenöl extra vergine, Salz** und **Pfeffer** im Mixer pulsierend und noch sämig zerkleinern. Das Pesto über den Salat geben, unter die Pasta ziehen, auf Toast streichen oder damit eine italienische Suppe abschmecken. Dieses Standardrezept kann dir immer gute Dienste leisten.

LANDESTYPISCH KOCHEN UND ESSEN

Unterschiedliche Regionen bauen auf unterschiedliche Zutaten, und manches ist leichter zu veganisieren als anderes. Wenn du ausgehst oder Lieblingsgerichte zu Hause veganisierst, musst du dir über bestimmte Standardzutaten Gedanken machen.

INDISCH

In der indischen Küche wird viel Gemüse zubereitet, und in vielen Regionen kocht man ohnehin vegetarisch oder vegan. Achte auf Currys ohne Paneer (Käse), Joghurt, Sahne oder Butter (Ghee). Diese Zutaten sollen das Gericht häufig cremiger machen.

Insbesondere bei Ghee solltest du aufpassen, denn im Restaurant werden damit gern Currys oder Brote zubereitet. Zu Hause kannst du stattdessen Kokosöl verwenden, das hat dieselbe feine Konsistenz. Naan-Brot wird normalerweise mit Milch hergestellt, aber du kannst auf Roti oder Chapati ausweichen. Papadams und Pickles sind normalerweise kein Problem, doch Raita-Dips enthalten Joghurt.

Henry haben es auf seiner Weltreise die kontrastreichen Aromen der indischen und nepalesischen Currys angetan. Nach seiner Rückkehr lernte er, Currys zuzubereiten (das erste Curryrezept seines Lebens stammte von Jamie Oliver). Currys sind unglaublich lecker, denn mit den verschiedenen Gewürzmischungen lassen sich viele Geschmacksnuancen erzeugen. Seit wir die Jackfruit für uns entdeckt haben, bereiten wir damit die unterschiedlichsten Gerichte zu, unter anderem **Henrys Biryani mit Koriander-Chutney** aus **BISH BASH BOSH!**.

PIZZA

Pizza eignet sich perfekt für Veganer, weil man sie so gut anpassen kann. Frag nach einer käsefreien Version oder nimm veganen Käse. Manche Restaurants bieten schon verschiedene vegane Käsesorten an oder führen vegane Pizza. In einer normalen Pizzeria kannst du auf eine Pizza Marinara zurückgreifen, die mit Tomaten-Knoblauch-Sauce rein pflanzlich sein sollte. In Restaurants mit typisch amerikanischer Pizza (mit dem fluffigen Pizzateig) solltest du dich vergewissern, dass der Teig ohne Milchprodukte hergestellt wird. Das ist nicht überall der Fall.

Wir machen gern Pizza, wenn Freunde kommen. Beim Teig bereiten wir immer gleich mehr zu (den Rest kann man einfrieren), und die Grundsauce besteht aus passierten Tomaten, Knoblauch, Basilikum und etwas Rotweinessig. Der Belag wird in diversen Schüsseln bereitgestellt, sodass alle ihre eigene Variante kreieren können.

BRUNCH

Bei einem üblichen Brunch sind die veganen Optionen zumeist schnell gefunden. Immer passend ist natürlich Avocado auf Toast, wobei das mitunter mit Ei oder Lachs garniert wird. So etwas kann man leicht weglassen. Ein typisch englisches Frühstück lässt sich ebenfalls veganisieren. Schinken, Ei und Wurst kommen gar nicht erst auf den Teller, stattdessen wählst du gebratene Pilze (nicht in Butter geschmort), Tomaten, Bohnen, Toast und mit etwas Glück auch Spinat oder Avocado. Manchmal gibt es Haferbrei, eingeweichte Haferflocken oder Knuspermüsli. In solchen Fällen solltest du um eine rein pflanzliche Variante bitten, die es in besseren Häusern in der Regel gibt. Oder du wählst ein europäisches Frühstück mit Brötchen oder Brot, pflanzlicher Margarine und Marmelade.

Wir brunchen auch zu Hause gern. Ian liebt seinen Rührtofu, und dann gibt es natürlich alles, was man so braten kann (oder an faulen Tagen im Ofen backen). Henry besteht auf seiner braunen Sauce. Ian will rote Sauce (sprich: Ketchup). Der Toast sollte aus gutem Sauerteigbrot bestehen, und danach brauchen wir eine halbe Stunde, um in Ruhe zu verdauen.

ITALIENISCH

Die italienische Küche ist sehr abwechslungsreich, rankt sich jedoch vielfach um Fleisch, Fisch und Käse. Eine gute Wahl ist meistens Pizza (mehr dazu siehe oben), oder du nimmst eine schlichte Pasta. Pasta Arrabbiata oder Marinara sind in der Regel pflanzlich. Die Nudeln sollten nur kein Ei enthalten.

Zu unseren einfachsten und schmackhaftesten Rezepten zählt **Easy-Peasy-Pasta**: Eine Portion sehr grob gehacktes Gemüse auf ein Backblech geben und 30 bis 40 Minuten im Ofen backen. Alles durchrühren, und fertig ist die Pastasauce. Bruschetta ist ebenfalls ein einfaches pflanzliches Gericht, und Salate sind natürlich perfekt (notfalls mit Pommes Frites kombinieren). Mancherorts kocht man dir bei freundlichem Nachfragen vielleicht sogar ein spezielles Risotto.

NAHER OSTEN

Die Traditionen aus dem Nahen Osten kommen veganen, vegetarischen und flexitarischen Vorstellungen sehr entgegen, ob aus der Türkei, dem Libanon oder Israel. Es gibt jede Menge tierfreie Vorspeisen (Mezze), darunter Falafel, Baba Ganoush, Hummus, Tabbouleh, Dolmades und Fladenbrot. Milch wird seltener eingesetzt als im Westen, sodass viel mehr veganerfreundliche Optionen zur Verfügung stehen.

FRANZÖSISCH

Die französische Küche ist nicht sonderlich vegetarierfreundlich, weshalb sich ein vorheriger Anruf im Restaurant durchaus lohnt. Wenn die Küche weiß, dass du kommst, kann sie sich darauf einstellen und dich besser bewirten. Frag im Zweifelsfall nach gegrilltem Gemüse, grünem Salat mit einer schlichten Vinaigrette, Pommes Frites oder gekochten Kartoffeln.

Zu Hause kannst du natürlich mehr ausprobieren. Bourguignon ist traditionell ein Fleischgericht, aber die Zeiten haben sich geändert. Inzwischen sind Pilze Bourguignon sehr beliebt und zudem extrem lecker.

Croissants, die nicht mit Butter, sondern mit Pflanzenfett hergestellt werden, sind inzwischen überall erhältlich, was sicher viele begeistern dürfte. Crème brûlée ist ein Gericht, das auf den ersten Blick kaum veganisierbar erscheint. Stimmt nicht! Das klappt bestens, und es gibt online diverse Rezepte. Außen knusprig, innen cremig, süß und vegan!

THAILÄNDISCH

Thailand inspiriert uns immer wieder zu kulinarischen Höhenflügen! Thailändische Rezepte sind ziemlich leicht zu veganisieren, weil die Currys, Salate und Pfannengerichte üblicherweise ohne Milchprodukte auskommen. Wenn du dann noch Fleisch und Fisch ersetzt, ist alles perfekt. Andererseits verwendet man in der Thaiküche gern Fischsauce. In unserem Bekanntenkreis essen manche vegan, akzeptieren jedoch Fischsauce. Wir selbst lehnen das ab, und man kann im Restaurant ruhig darum bitten, das Gericht ohne Fischsauce zu kochen. Für zu Hause gibt es vegane Ersatzprodukte und Alternativen wie Sojasauce, vegane Worcestershiresauce oder Miso aus Naturreis.

CHINESISCH

Früher haben wir beim Chinesen gern Crispy Duck Pancakes gegessen. Zu unserer großen Erleichterung gibt es dieses Gericht auch mit Tofu, mitunter sogar mit Pilzen. Chinesische Pfannengerichte für Vegetarier sind meist auch für Veganer geeignet, sie dürfen nur keine Fischsauce enthalten. Achtung: Gebratener Reis wird normalerweise mit Ei zubereitet.

VIETNAMESISCH

In Vietnam kocht man ohne Milchprodukte, aber gern mit Fleisch. Sobald du ein verlockendes vegetarisches Gericht entdeckst, ist also alles gut. Die vietnamesische Küche basiert besonders auf Nudeln und Suppen, die unglaublich lecker sein können. Vergewissere dich jedoch, dass die Suppen nicht auf Fleischbrühe basieren (häufig der Fall) und keine Fischsauce enthalten. Ideal ist ein vegetarisches Nudelgericht mit Gemüsebrühe. Oder du nimmst einen frischen Salat, dazu Frühlings- oder Sommerrollen (ohne Fleisch) mit Sauce zum Dippen oder (eifreie) Gemüsenudeln.

MEXIKANISCH

In Mexiko isst man gern Fleisch, doch auch die Gemüseküche kann sich sehen lassen. Für ihre köstlichen Gemüsesorten haben die Mexikaner himmlische Rezepte ersonnen. Damit kann man sich unglaublich leicht quer durch den Regenbogen futtern. Für Fajitas, Burritos, Chimichangas, Tacos und Tostados gibt es immer pflanzliche Varianten. Achte nur darauf, dass Käse und saure Sahne durch vegane Produkte ersetzt werden und bestelle zum Ausgleich mehr Guacamole und Salsa. Und ein gutes Bohnenchili kann genauso gut schmecken wie eines mit Fleisch (wenn nicht noch besser).

BURGER UND ANDERE KLASSIKER AUS AMERIKA

Dank der Fortschritte bei Burger-Alternativen (Beyond Burgers, Impossible Burgers und andere) muss hier niemand auf Geschmack verzichten. Eigentlich sollte jeder gute Burgeranbieter inzwischen auch ordentliche pflanzliche Varianten auf der Karte haben. Dennoch lohnt es sich, vorab die Speisekarte einzusehen. Denn auch die Brötchen und der Käse sollten pflanzlich sein. Briocheteig enthält traditionell Milch und Butter, und bei Käse solltest du immer nachhaken. Letztlich erntet man aber gerade bei Klassikern wie Burgern, Chili oder Chicken Wings immer wieder überraschte Reaktionen im Sinne von: „Wow, ich hätte nie gedacht, dass das vegan ist!"

Wenn du zu Hause Burger anbieten willst, brauchst du Zutaten, die den Teig binden und formbar machen. Wir haben gekochte Vollkornpasta, gekochte Linsen, gebackene Süßkartoffeln, gekochten Naturreis und gegarte vegane Würste im Mixer zusammengewürfelt und daraus tolle Burger erzeugt. Wichtig sind die Gewürze. Wir geben gern einen ordentlichen Schuss Umami (das intensive „Fleisch"-Aroma, das man von Parmesan, Miso oder Pilzen kennt) und ein bisschen Raucharoma in unsere Burger. Damit kommt man dem Geschmack von gegrilltem Fleisch schon sehr nahe.

IAN IM STEAKHOUSE

Als ich erst 3 Wochen vegan lebte, wurde ich in ein Restaurant mit dem sprechenden Namen MEATMission eingeladen. Wo es logischerweise Fleisch gab. Viel Fleisch! Es war mein erster Restaurantbesuch als Veganer. Nach einem Drink an der Bar gingen mein Freund, seine Kumpels und ich zu unserem Tisch. Beim Blick auf die Karte wurde mir bewusst, dass für mich (wenig überraschend) nur Salat und Pommes in Frage kamen. Alle gaben ihre Bestellung auf. Steak. Burger. Ribs. Wings. Dann war ich dran: „Ich nehme eine Portion Pommes und einen Salat. Aber bitte ohne Ranch-Dressing." Ich konnte es selbst kaum glauben. Wir saßen in einem der besten Steakhäuser des Landes, und ich bestellte Salat und Pommes? Um ein Haar hätte ich noch eine Ladung Ribs geordert, aber ich konnte mich beherrschen. Ich dachte an die Filme, die ich gesehen hatte, und beschloss, eisern zu bleiben. Das Essen kam, alle aßen, wir tranken noch ein paar Bier und hatten einen tollen Abend. Als ich an diesem Abend heimkam, war ich hochzufrieden. Ich hatte die erste Hürde genommen.

BBQ, GRILLPARTY ODER HEISSER STEIN

Hier geht es um Lebenslust! Wenn du zu solchen Veranstaltungen oder in entsprechende Spezialitätenlokale eingeladen wirst, bewegst du dich vermutlich in Gesellschaft von Fleischliebhabern. Wir empfehlen, vorab beim Veranstalter oder im Restaurant anzurufen und nachzufragen, was sie einem Veganer anbieten können. Die Allergikerkarte könnte Überraschungen parat halten. Mach dich auf ein paar gutmütige Spötteleien gefasst (niemand sollte sich übertrieben ernst nehmen) und auf Leute, die Unmengen Fleisch essen (was du vielleicht nicht so gerne siehst) und auf Pommes und Salat ... Andererseits gehst du mit, weil dir deine Freunde wichtiger sind als dein Essverhalten. Daran solltest du denken, wenn man sich über deine karge Wahl amüsiert.

BRITISCHE KLASSIKER

Pubs und Kneipen bieten ganz unterschiedliche Dinge an, also prüfe vorher die Speisekarte. Einen klassischen Braten bekommt man definitiv nicht überall vegan, also musst du dich danach genau erkundigen. Veganer Braten ist zudem oft rasch ausverkauft – am besten vorher anrufen, damit man dir eine Portion aufhebt. Und dann sag deinen Freunden Bescheid, wo man richtig gut essen kann! #tagesbraten

HENRY UND DIE WEIHNACHTSZEIT

Letztes Weihnachten lud Henry seine und EmJs komplette Familie zum Weihnachtsessen bei **BOSH!** ein. Volles Haus. Sogar der Hund war dabei. Er kochte für 12 Leute, und die Nicht-Veganer waren auf ein veganes Essen gefasst. Also wollte er sie beeindrucken.

Den ganzen Tag stand er in der Küche und tischte dann ordentlich auf. Es gab unseren bereits berühmten **Pulled-Jackfruit**-Braten, **Weihnachts Criss-Cross**, massenweise **Geröstetes Wurzelgemüse** mit Rosmarin und Knoblauch, unseren **Perfekten Bratensaft**, eine hinreißende Füllung und zum Dessert einen veganen **Weihnachtsbaumstamm**. Alle waren begeistert!

Selbst der Großmutter von EmJ (die mit einem Metzgermeister verheiratet gewesen war) schmeckte es, allerdings sagte sie auch, dass sie noch nie gesehen hatte, dass jemand in der Küche solchen Aufwand betrieb. Ein Kompliment? Wir betrachten es als solches. Der Braten wurde restlos vertilgt, und allen hat es geschmeckt.

BOSH! DEINE KÜCHE

Angeblich steht man für veganes Essen ewig in der Küche. Das ist Quatsch!

Unsere Ernährungsweise kann genauso schnell gehen (oder schneller), oder du nimmst dir zum Kochen so viel Zeit, wie du willst. Allein wegen der neuen Rezepte und Zutaten dauert es anfangs teilweise etwas länger.

Ein bisschen Routine ist aus diversen Gründen wichtig: Du wirst selbstsicherer, wirst experimentierfreudiger und freust dich über die Abwechslung. Und insbesondere wenn du für andere kochst, wird es so ganz einfach aussehen, vegane Köstlichkeiten zu zaubern, denn du hast es ja vorgemacht!

Der Tagesablauf ist oft so ausgelastet, dass für gutes Kochen nicht immer Zeit bleibt. Unsere folgenden Tipps haben wir von Profiköchen abgeguckt:

KÜCHE PRÜFEN

„Hm", sagten wir zueinander, als wir nach der Entscheidung fürs vegane Leben in der Küche standen. „Am besten sehen wir das alles durch, weil wir manches nicht mehr essen können. Ein Kühlschrank voller Fleisch und Wurst wäre kontraproduktiv."

Also gingen wir daran, alle tierischen Produkte aus der Küche zu verbannen. Wir nahmen alles in die Hand und lasen die Zutaten. „Ohne"-Produkte durften wieder in den Schrank. Den Rest gaben wir im nächsten Tafelladen ab.

Du kannst natürlich anders vorgehen. Was du mit deiner Küche anstellst, ist ganz allein deine Sache, auch wenn wir das komplette Durchforsten und Umräumen für sinnvoll halten. Du solltest nicht lange nachdenken müssen, wo die gewünschten Zutaten stehen. Wie du deine Schränke sortierst, hängt davon ab, wie deine Küche aussieht, mit wem du zusammenlebst und wie viel Platz du hast. In einer Gemeinschaftsküche brauchst du nur einen Bereich für „Mein Essen". Das könnten ein Schrank und ein Fach im Kühlschrank sein oder aber die gesamte Küche.

Sobald dein System steht, kannst du die Schränke ausräumen und alles auf den Tisch stellen. Lies die Liste der Inhaltsstoffe (siehe Seite 166). Alles ohne Tierbestandteile darf wieder in den Schrank. Alles andere kannst du verschenken oder anderen vorsetzen.

Wenn du dich an dein System hältst (und deine Mitbewohner bzw. deine Familie es respektieren), hast du stets die Übersicht und weißt immer, wo es etwas Essbares für dich gibt.

Achtung: Eltern, Partner oder Kinder sind mit „eigenen" Schränken mitunter nicht glücklich, sondern fühlen sich vor den Kopf gestoßen. Brich bitte keinen Streit vom Zaun. Überlege dir vorher, welche Lösung dir und den anderen entgegenkommen könnte.

GUTE PLANUNG

Mit einem Wochenplan kannst du dir deine gesamten Einkäufe vielleicht liefern lassen. Das ist einfacher, preiswert und schützt vor der lästigen Frage: „Was gibt es heute?" Den Plan kannst du selbst erstellen (siehe Seite 232) oder unsere Wochenpläne aus dem BOSH.TV verwenden. Gewöhne dir nur an vorauszudenken.

IAN UND DAS ABSCHMECKEN

- Für Salate immer ein hochwertiges natives Olivenöl (extra vergine) verwenden.

- Bei der Zubereitung von asiatischen Gerichten einen Schuss Sesamöl in neutrales Pflanzenöl geben. Reines Sesamöl kann andere Aromen übertönen.

- Während des Kochens kosten und nachwürzen. Salzflocken unterstützen die natürlichen Aromen von Speisen harmonischer als normales Speisesalz. Salz neigt dazu, andere Geschmacksrichtungen zu verdecken.

- Ein bisschen Säure (Zitrone, Limette oder Essig) kann viel bewirken!

- Zwiebeln langsam in warmem Öl garen. So entfaltet sich ihre natürliche Süße, und sie brennen nicht an.

- Wenn du für ein Curry frischen Koriander verwendest, die Stängel in feine Streifen schneiden und mit den Zwiebeln in die Pfanne geben. Der Geschmack tritt völlig anders hervor.

VOR DEM KOCHEN

Zuallererst die Spülmaschine ausräumen und gebrauchtes Geschirr aus der Spüle entfernen. In einer sauberen Küche kocht es sich viel entspannter. Gönn dir die fünf Minuten, vor dem Kochen die Küche aufzuräumen. Wenn du immer gleich alles saubermachst, verläuft die Zubereitung ohnehin schneller und entspannter, weil die Arbeitsflächen frei sind.

Danach suchst du die nötigen Utensilien zusammen. Wer will noch nach dem Sieb wühlen, wenn die Pasta fertig ist? Oder nach einem Holzlöffel kramen, nur um festzustellen, dass er nicht gespült ist, und währenddessen brennen die Zwiebeln an? Das alles sorgt nur für unnötigen Stress. Lies dir noch einmal kurz das Rezept durch, damit alles Nötige griffbereit ist. Geh dabei im Geiste die verschiedenen Schritte durch, damit du weißt, was kommt. So geht es insgesamt leichter, und man macht weniger Fehler.

Ein Pfannengericht ist bei entsprechenden Temperaturen schnell gar, deshalb sollten alle Zutaten fertig geputzt bereitstehen, bevor du loslegst. Bei manchen Rezepten ist es allerdings sinnvoller und logischer, die Vorbereitungen zwischendurch zu erledigen, zum Beispiel während die Sauce vor sich hin köchelt.

So kochst du wie die Profis:

Tipp 1: Den Backofen einbeziehen
Der Backofen kann eine Riesenhilfe sein. Zum Beispiel kannst du dein Gemüse in den Ofen packen und in Ruhe garen lassen. Du weißt nicht, was du kochen sollst? Gemüse im Ofen rösten und unter die Pasta heben. So einfach!

Tipp 2: Vorkochen
Vorkochen erleichtert das Küchenleben. Das lässt sich auf unterschiedliche Weise bewerkstelligen. Du kannst Dinge zubereiten, die eine Weile halten, zum Beispiel Kimchi, Erdnussmus, Konfitüre oder Hummus, und in luftdicht verschlossenen Behältern im Kühlschrank lagern. Oder du gewöhnst dir an, immer gleich die doppelte Menge zu kochen und den Rest für einen anderen Tag aufzuheben. Currys und Saucen kann man gut einfrieren. Damit kannst du bei Zeitnot blitzschnell etwas Essbares zubereiten. Vielleicht möchtest du auch am Sonntag für die ganze Woche vorkochen oder immer gleich für einen zweiten Tag mitplanen. Mit genügend Frischhaltebehältern und guter Planung kann man erstaunlich viel Zeit sparen.

Tipp 3: Gemüse auf Vorrat putzen
Wenn die Küche sauber ist und du bei den Vorbereitungen bist, kannst du gleich etwas mehr Gemüse putzen. Wenn du für deine Nudelsauce etwas mehr Gemüse schnippelst, kannst du das am nächsten Tag in einem Salat verwerten. Pack die Hälfte deiner Zwiebeln, Tomaten, Paprika und so weiter luftdicht verschlossen in den Kühlschrank. Mit einem frischen Dressing und ein paar Bohnen ist dein Salat am Folgetag im Handumdrehen fertig. Gehacktes Gemüse kannst du auch einfrieren.

Tipp 4: Variieren lernen

Eine Mahlzeit zusammenzustellen ist kein Hexenwerk. Mit „ein paar Sachen auf dem Teller" kannst du schnell wunderbare Gerichte zaubern. Für den gewünschten Geschmack in Salaten oder Pfannengerichten sorgen vorbereitete Toppings wie Salsa, Hummus oder Baba Ganoush. Ein Spritzer Zitronensaft verleiht geröstetem Gemüse eine besondere Note. Mit Balsamico-Creme beträufelter Salat sieht sehr appetitlich aus. Und mit deinen Standardsaucen, Fetten und Säuren kannst du immer neue Nuancen erzeugen.

Tipp 5: Eine Spur heißer

Unser **Ultimatives Chili** sollte im Idealfall zwei Stunden vor sich hin köcheln. Wir haben es für das Fernsehen aber auch schon in fünf Minuten hinbekommen. Mit mehr Hitze (und ständigem Rühren) ist das Essen schneller gar. Dann musst du natürlich auf Zack bleiben, damit die Zwiebeln und die übrigen Zutaten nicht anbrennen, doch mit der passenden Menge Öl und viel Rühren werden Currys, Tomatensaucen, Suppen oder Chiligerichte mit mehr Hitze auch in der halben Zeit gar.

Tipp 6: Helfen lassen!

Das klingt selbstverständlich, aber vergiss nicht, deine Freunde, die Familie oder deine bessere Hälfte einzubeziehen. Lass sie Gemüse waschen, hacken, umrühren oder das Rezept vorlesen. Mit einem zweiten Paar Hände bist du schneller fertig, und es gibt früher Essen.

LEBENSRETTER

Was ist im Kühlschrank? Kannst du es zubereiten? Die folgenden Grundrezepte lassen sich mit diversen Gemüsearten kochen und können den Abend retten.

1. Suppe aus geröstetem Gemüse. Gemüse putzen, im Ofen rösten, in einen Topf umfüllen und so lange Gemüsebrühe hinzufügen und pürieren, bis die gewünschte Konsistenz erreicht ist. Dazu etwas Brot – guten Appetit!

2. Pfannengerichte. Damit kannst du Gemüsereste verbrauchen und deinem Körper viel Gutes tun. Stell dir sicherheitshalber ein paar Päckchen Reis für die Mikrowelle und wok-fertige Udon-Nudeln in den Schrank. Diese wohlbekannten Aromen kannst du mit geröstetem Sesamöl, Sriracha und Sojasauce abwandeln.

3. Instantcurrys. Mit ein paar Standardgewürzen wie Kreuzkümmel, gemahlenem Koriander, Zwiebeln, Knoblauch und Ingwer kannst du immer ein schnelles Curry zubereiten

SPEISEPLAN ERSTELLEN

Mit einem Speiseplan überstehst du die Woche leichter und brauchst nie lange nachzudenken, was es wann zu essen gibt. Er bedeutet zugleich einen Crashkurs für die Pflanzenküche. So meisterst du sie im Handumdrehen.

	MO	DI	MI
Frühstück			
Mittag			
Abend-essen			
Snacks			

Ein paar Grundregeln:
Überleg dir rechtzeitig, wie oft du kochen willst. Reste vom Vorabend kannst du vielleicht anderntags als Mittagessen mitnehmen.

Snacks sind kein größeres Problem. Entweder bäckst du ein paar Müsliriegel, oder du steckst dir Obst ein. Aber auch ein Snack aus dem Laden ist okay oder ein köstlicher kleiner Brownie.

Sobald du weißt, was du kochen willst, erleichtert eine Einkaufsliste für die ganze Woche das Leben. Füll für den Anfang einfach diesen Plan aus.

DO	FR	SA	SO

RESTAU-RANT UND LIEFER-SERVICE

Wir unterstützen vegetarische und vegane Geschäftsideen, aber natürlich kannst du auch in normalen Restaurants rein pflanzliche Gerichte bestellen.

Es geht immer um Angebot und Nachfrage. Je mehr die Kundschaft nach veganen Gerichten fragt, desto mehr landet auf der Speisekarte, und so wird es für alle einfacher, überall pflanzlich zu essen.

Also scheue dich nicht vor einem Gespräch mit der Bedienung und frage gezielt nach „Ohne"-Optionen (mehr dazu auf Seite 238). Vor einem Besuch in einem neuen Lokal kannst du ja, wie bereits angesprochen, online einen Blick auf die Speisekarte werfen oder anrufen und nachfragen.

UNSERE TIPPS FÜR RESTAURANT UND LIEFERSERVICE

1. Online nach den besten Empfehlungen im Umkreis suchen und diese der Reihe nach durchprobieren. Sieh dich auch nach nicht-veganen Restaurants mit guten Angeboten um. Überraschend viele Lokale haben vegane oder vegetarische Gerichte auf der Karte. Dort hat man sich also schon Gedanken gemacht, und das Personal wird für deine Wünsche Verständnis haben. Achte auf der Speisekarte auf Abschnitte für Veganer oder Vegetarier und Hinweise auf Allergene (Milch, Ei, Fisch).

2. Nutze für deine Suche nach Restaurants passende Apps wie Vegman oder vegane City Guides.

3. Im Zweifelsfall nachfragen. Es sollten überall Hinweise für Veganer, Vegetarier oder Allergiker vorliegen.

4. Eigene Varianten bestellen. Wenn in deinem Lokal keine eindeutigen Veggie-Gerichte auf der Karte stehen oder das Personal nicht Bescheid weiß, kannst du aus bestimmten Zutaten eigene Gerichte zusammenstellen. Vermutlich musst du lernen, gezielt nachzufragen (siehe Seite 238). Dabei helfen unsere Anmerkungen zur internationalen Küche (ab Seite 214).

5. Es lohnt sich, vorher anzurufen und anzukündigen, dass du vegan essen möchtest. Das weiß man in der Küche wahrscheinlich zu schätzen und kann leichter etwas zaubern, was deinen Ansprüchen gerecht wird.

6. Suche auf Instagram oder Twitter nach passenden Hashtags, zum Beispiel #BerlinVegan (oder unseren geliebten Hashtag #veganlondon). Blogs und Instagram-Kanäle können ebenfalls wertvolle Informationen liefern und nehmen dir viel Arbeit ab. Facebook-Gruppen sind ebenfalls eine große Hilfe, um gute vegane Lokale zu entdecken. Für die meisten Städte oder Regionen gibt es eigene Facebook-Gruppen. Tipp einfach deine Stichworte in den Suchbalken von Facebook ein; dann findest du begeisterte Veganer*innen, die ihr Wissen bereitwillig weitergeben. Fang zu Hause an!

7. Empfehlungen von anderen sind Gold wert, ob online oder persönlich. Gleichgesinnte gibt es wirklich überall. Am besten besuchst du das eine oder andere Event in deiner Nähe, um Menschen kennenzulernen, die ähnlich denken wie du. Wir haben vegan eingestellte Menschen als sehr freundlich und hilfsbereit erlebt und hoffen natürlich, dass es dir ähnlich ergeht. In vegetarischen und veganen Restaurants kann man auch gut ins Gespräch kommen. Wir treffen dort immer mal wieder auf **BOSH!**-Fans und können uns dafür verbürgen, dass die Leute, die solche Lokale aufsuchen, supernett sind.

8. Überlege dir vorher, wie du es mit Alkoholika halten willst und ob dir vegane Varianten wichtig sind oder nicht (siehe Seite 195).

9. Wappne dich für vegane Diskussionen bei Tisch. Typische Fragen findest du auf Seite 304.

BEIM BESTELLEN FRÖHLICH BLEIBEN!

Erinnerst du dich an die guten alten Zeiten, wo du einfach aus der Speisekarte bestellen konntest?

Tja, diese Zeiten sind vorbei. Aufgrund verschärfter gesetzlicher Bestimmungen sollte die Bedienung wissen, ob ein Gericht Fleisch, Nüsse, Gluten oder Milchprodukte enthält oder korrekt weitergeben, wenn jemand keine Pilze mag.

Das bedeutet: Ihr müsst reden. Und das fällt beiden Seiten am leichtesten, wenn sie dabei Spaß haben. Lächle, bleib selbstbewusst und scheue dich nicht, das zu verlangen, was du möchtest. Du willst etwas Pflanzliches oder Veganes – gibt es das? Auf diese Frage erfolgen die unterschiedlichsten Reaktionen.

Manche sind völlig perplex und bringen ein Frühstück *mit* Eiern und Käse, obwohl du ausdrücklich um ein Frühstück *ohne* Eier und Käse gebeten hast. Das musst du dann höflich ablehnen (und vielleicht kein zweites Mal dorthin gehen). Andere hingegen haben durchaus vegane oder vegetarische Optionen und empfehlen dir etwas Passendes. Manchmal triffst du sogar auf einen veganen Koch, der dir ein Spezialgericht zubereitet. Im Einzelfall wirst du herablassend behandelt (versuche, das von der komischen Seite zu sehen!), und mitunter steckst du unversehens in einem Gespräch über Kochen, Lebensmittelauswahl und Nachhaltigkeit.

Tipp 1: Lächeln!
Wer freundlich bleibt, bekommt eher eine positive, hilfreiche Reaktion. Wenn jemand die Nase rümpft oder sich mokiert, bleib einfach bei der Sache. Äußere klar, was du möchtest und wie man dir helfen kann.

Tipp 2: Frage nach vegetarischen oder veganen Gerichten (oder einer Karte für Allergiker).
Die erste Frage wäre die nach einer Speisekarte für Vegetarier und Veganer. Wenn die vorhanden ist, hast du Glück und kannst daraus bestellen, was immer du magst. Wenn nicht, sollten trotzdem die Allergene vermerkt sein. Mitunter gibt es einen gesonderten Ordner, in dem alle Zutaten der verschiedenen Gerichte aufgeführt sind. Solche Informationen sind gesetzlich vorgeschrieben. Auf der Karte mit den Allergenen dürftest du rein vegane Gerichte ohne Eier, Milch, Käse oder andere Milchprodukte finden.

BOSH!

Tipp 3: Frage, ob etwas vegan zubereitet werden kann.
Wenn es nichts ausdrücklich Veganes gibt, entdeckst du vielleicht etwas, das man leicht abwandeln könnte. Eventuell muss das Personal dafür in der Küche nachfragen, und das wäre das Beste. Du könntest sagen, dass du etwas Vegetarisches möchtest, aber ohne Eier, Sahne, Butter oder Milch. Manche Freunde von uns behaupten, sie seien gegen Milchprodukte allergisch, aber wir halten es für ausreichend, klar und ehrlich aufzutreten.

Tipp 4: Wenn es fantastisch geschmeckt hat, lass es sie wissen!
Nichts spornt mehr an als ein gut gelauntes Dankeschön. Man hat dir etwas Köstliches serviert? Sag, wie gut es war! Du könntest sogar eine positive Online-Beurteilung schreiben, damit auch andere erfahren, dass dieses Lokal veganerfreundlich ist.

Tipp 5: Wenn es schiefging, sag es ebenfalls.
Wenn man dir etwas Nicht-Pflanzliches vorsetzt, lass es höflich und mit Begründung zurückgehen. Bei einer richtig schlechten Erfahrung kannst du nach dem Chef fragen oder notfalls eine schlechte Beurteilung hinterlassen.
Dein Feedback ist hilfreich. Das Restaurant kann besser werden, und andere können selbst entscheiden, ob sie dort essen möchten oder nicht.

Lächle, bleib selbstbewusst und scheue dich nicht, das zu verlangen, was du möchtest.

MEHR ALS ERNÄHRUNG

2015 haben wir beschlossen, auf tierische Produkte zu verzichten, und beim Essen angefangen. Was wir essen und trinken durften, hatten wir genauso schnell raus wie die Kocherei. Kleidung war dabei zunächst nebensächlich. Wir kaufen beide selten etwas Neues und waren mit dem zufrieden, was wir hatten.

Mit der Zeit dachten wir aber immer häufiger darüber nach, was wir eigentlich am Körper trugen, wie unsere Kleidung hergestellt wurde und was das für die Welt bedeutet.

Wir hinterfragten auch andere Alltagsprodukte, wollten wissen, woher sie kommen, und bemühten uns um stimmigere Entscheidungen.

Jeder weiß, dass Pelze eine traurige Geschichte haben, und natürlich suchten wir Marken, die keinen Pelz verwenden. Irgendwann dachten wir über den Unterschied zwischen Pelz und Leder nach. Ist das eine besser als das andere? Was ist mit Wolle, Federn oder Veloursleder? Sobald man weniger tierische Produkte isst, hinterfragt man unweigerlich irgendwann auch Kleidung und andere Gebrauchsgegenstände.

Die Suche nach veganen Alternativen jenseits vom Essen ist extrem faszinierend.

Wer vegan lebt, denkt automatisch über Herkunft und Nachhaltigkeit von Produkten nach. Anfangs ist das alles überwältigend, aber schon bald stößt man auf neue Produkte und findet neue Lieblingsmarken, die für uns und die Erde besser sind. Mit deinen veganen Freunden kannst du gut Tipps austauschen. Wer rechnet zum Beispiel damit, dass manche Deos nicht vegan sind? Inzwischen wissen wir Bescheid, möchten aber nicht nur Deos ohne Tierversuche, sondern auch ohne Aluminium, das in vielen bekannten Marken steckt. Und wer hätte gedacht, dass Eau de Toilette meist auch nicht vegan ist? Inzwischen haben wir neue Lieblingsdüfte entdeckt, die ethischer erzeugt und in wiederverwendbaren Glasflaschen auch nachhaltiger verpackt sind. Also mach dich auf die Suche danach. Wir helfen gern dabei!

Momentan ist dir das noch nicht so wichtig, und du möchtest dich lieber auf vegane Ernährung konzentrieren? Du hast unsere volle Unterstützung. Schließlich wissen wir, dass es der Umwelt vermutlich am meisten hilft, wenn Menschen Fleisch und Milchprodukte reduzieren oder ganz darauf verzichten, also bleib dabei! Falls es dich jedoch interessiert – ob jetzt oder später – und du diese neue Denkweise weiter ausbauen willst, lies bitte weiter.

KLEIDUNG

Die Kleiderwahl ist etwas ungemein Persönliches. Steh dazu!

Als wir unsere Ernährung umstellten, haben wir an unserer Garderobe nichts verändert. Null. Nada. Nichts. Der Übergang zu einer pflanzlichen, nachhaltigeren Ernährung ist bereits ein Riesenschritt, und niemand verlangt, dass du dich deshalb anders anziehen musst. Dein Kleiderschrank kann bleiben, wie er ist. Trag, was immer du möchtest und worin du dich wohlfühlst.

Wir selbst versuchen inzwischen, nicht nur so wenig Tier wie möglich zu essen, sondern auch tierische Produkte aus unseren Kleiderschränken fernzuhalten. Deshalb musst du jetzt nicht alles neu kaufen oder deine Lieblingsstücke wegwerfen! Das kann sich kaum jemand leisten, und viele haben Teile, die sie seit Jahren besitzen und sehr lieben. Zudem ist es nicht gerade nachhaltig, etwas wegzuwerfen, was noch brauchbar ist, und dafür etwas Neues zu kaufen. Deshalb verläuft das Ersetzen von abgetragenen Kleidungsstücken durch vegane Alternativen für uns langsamer als zuvor.

KLEIDERSCHRANK PRÜFEN

Du brauchst deinen Kleiderschrank keineswegs minimalistisch auszustatten. Aber mit weniger Kleidung insgesamt kannst du besser überlegen, welchen Einfluss das, was du kaufst und trägst, auf die Umwelt hat. Das ging bei uns nicht sofort, sondern wir haben im Verlauf von Jahren und diversen Umzügen immer wieder geprüft, was wegkann, und Dinge ersetzt.

Vielleicht finden andere Gefallen an dem, was du nicht mehr brauchst. Pack das, was noch tragbar ist, sorgfältig weg. Manchmal freuen sich Freunde oder Angehörige darüber, manchmal auch die Kleiderkammer. Oder du suchst dir einen Secondhandladen, wo Lieblingsstücke weitergegeben werden – ein dringend benötigtes Gegengift für die schnelllebige Modewelt.

Achte beim Kauf auf gute Qualität, nachhaltige Produktionsmethoden und den ökologischen Fußabdruck, aber auch auf die Herstellungsbedingungen. Aktuell werden Unmengen Kleider weggeworfen. Es ist doch viel besser, wenige Dinge guter Qualität zu besitzen, die du wirklich magst und länger trägst.

KLEIDUNG OHNE TIERANTEIL

Was verstehen wir unter Kleidung ohne Tieranteil und ohne Tierleid? Für uns ist das Kleidung, bei deren Herstellung in keiner Phase der Produktion Tieren ein Leid zugefügt wurde. Und zu Kleidung zählen wir auch Schuhe, Brieftaschen, Handtaschen und weitere Accessoires wie Gürtel, Krawatten, Hüte oder Halstücher.

Bei diesem Anspruch weiß man kaum, wo man anfangen soll. Achte daher zunächst auf Marken mit dem Logo „PETA-Approved Vegan". (Mehr dazu auf *https://www.peta.de/petaa pprovedvegan*, auf Englisch)

$$\left\{ \begin{array}{c} \text{PeTA - A P P R O V E D} \\ \text{VEGAN} \end{array} \right\}$$

Material, das definitiv von Tieren stammt, kaufen wir nicht, und auch die Farben sollten tierversuchsfrei sein.

Wir wählen auch gern Fair-Trade-Kleidung, wo die Arbeitsbedingungen für jeden Schritt der Produktion überprüft werden und die Mitarbeiter fair bezahlt werden und auch Urlaub bekommen.

In letzter Zeit gab es viel Aufwind für umweltgerechte Herstellungsmethoden. Dazu gehören nachhaltige, natürliche Stoffe und Farben ohne aggressive Chemie.

Allein aus dem Etikett kann man solche Informationen kaum entnehmen. Aber wer sich online auf die Suche macht, findet viele Marken, die diese Ziele unterstützen. Hier ist eine Liste mit den wichtigsten tierischen Materialien, die wir meiden:

Pelz, Leder und anderes aus Tierhaut

Leder ist normalerweise ein Nebenprodukt der Fleisch- und Milchindustrie. (Pelztiere hingegen werden nur dazu gezüchtet, ihnen das Fell abzuziehen.) Das ist nicht nur traurig für die Tiere, sondern bei der Lederproduktion werden obendrein viele aggressive und umweltschädliche Chemikalien eingesetzt.

Wir tragen keine Lederschuhe, finden aber, dass das jeder selbst entscheiden sollte. Und wir verlangen nicht, dass du deine Lieblingsstücke aussortierst! Mach dir nur bewusst, wo deine Kleidung herkommt, und denke darüber nach, was du in Zukunft kaufen könntest.

Für Leder und Pelz gibt es reichlich vegane Alternativen. Lederimitate sind häufig aus Kunststoff, was auch nicht sehr nachhaltig ist, aber immerhin problemlos erhältlich. Ökologischeres Ersatzleder wird teilweise aus Ananas oder Pilzen erzeugt. Pelzimitat gibt es überall. Manche Menschen glauben, dass das Tragen von Pelz- und Lederimitat die Nachfrage nach dem Originalmaterial stärkt. Wir möchten den Fortschritt jedoch nicht durch Perfektionsanspruch ausbremsen. Das Geld, das für diese Produkte ausgegeben wird, wird nicht für echtes Leder ausgegeben. Damit ist es ein Schritt in die richtige Richtung.

Wolle, Angora, Kaschmir

Diese Produkte stammen von Schafen, Kaninchen und Ziegen. Wollschafe werden dafür zwar nicht umgebracht, aber die Wolle wächst ihnen aus gutem Grund, denn sie soll das Schaf schützen und wärmen. Schafen wird häufig der Schwanz kupiert, und sie bekommen Chips oder Ohrmarken. Die Kaninchen werden zum Scheren in der Regel getötet (man zieht die Haut mitsamt dem Fell ab). Es gibt ausgezeichnete synthetische Alternativen, die besser wärmen und sich leichter waschen und trocknen lassen. Natürliche Alternativen gibt es ebenfalls. Wir nehmen lieber Baumwollpullover.

Seide

Seide stammt von der Seidenraupe. Die Raupen spinnen lange Seidenfäden für ihren Kokon, der dann (mit der Puppe darin) gekocht wird, um die Seide zu entnehmen. Der gesamte Herstellungsprozess der Seide hat erhebliche negative Auswirkungen auf die Umwelt. Es gibt inzwischen viele natürliche Pflanzenfasern (zum Beispiel Bambus) und synthetische Alternativen, die ebenso weich sind, ohne dass Tiere dafür leiden müssen.

Federn und Daunen

Als wir noch Fleisch aßen, haben wir uns nicht etwa mit Federn geschmückt. Aber Federn sind ein gängiges Füllmaterial für Kissen, Federbetten, Westen und warme Futterstoffe. Normalerweise werden die Vögel kurz vor der Tötung lebend gerupft. Viele Hersteller bieten vegane Ersatzprodukte an. Frage nach!

IAN UND SEINE LEDERJACKE

Nach unseren ersten 6 Monaten mit **BOSH!** war die Sache richtig ins Rollen gekommen. Jeden Tag haben wir Videos gesendet, unser Facebook-Kanal zog wöchentlich neue Follower zu Tausenden an, und wir wurden millionenfach geschaut. Doch dann sagte jemand zu mir, wenn wir **BOSH!** innerhalb der veganen Bewegung wirklich etablieren wollten, müsste ich mich von meiner Lederjacke trennen. Das hat mich zunächst richtig verärgert. „Wieso sollte ich mir von irgendwem vorschreiben lassen, was ich tragen darf?", dachte ich. „Diese Jacke habe ich seit 10 Jahren, und sie bedeutet mir sehr viel."

Zum Hintergrund: Als junger Mann arbeitete ich bei einem gehobenen Herrenausstatter, der zu den besten Geschäften im Land zählte. Wir führten alle guten Marken, und die modebewussten Männer, die sich dort einkleideten, kamen von überall her. Aus dieser Zeit in der Modewelt ist mir eine breite Sammlung hervorragender Kleidungsstücke geblieben, und eines davon ist eine schwarze Lederjacke, ein Vorführmodell, das mir ein Vertreter von Levi's übereignete. Die Jacke wurde dann nie produziert, sodass es weltweit womöglich nur 4 Stück davon gibt. Es ist eine schlichte, aber hochwertige Jacke, über die ich sehr glücklich bin. Immer wieder wurde ich darauf angesprochen und gefragt, wo es dieses Modell gäbe. Sie ist also etwas ganz Besonderes, sehr wertvoll und mit einer persönlichen Geschichte verbunden. Deshalb fiel es mir sehr schwer, sie dauerhaft wegzuhängen.

Ich habe die Jacke immer noch und werde sie wahrscheinlich auch weiterhin behalten, aber ich werde sie nicht mehr tragen, weil sie nicht mehr meinen Wertvorstellungen entspricht. Auch ein paar alte Ledergürtel aus meiner vor-veganen Zeit besitze ich noch, obwohl ich sie immer seltener trage. Gute vegane Gürtel sind gar nicht so leicht zu finden! Man muss eine Weile suchen. Ebenso habe ich noch alte Reisetaschen mit Lederriemen, die ich jedoch nur noch selten verwende. Wenn ich etwas Neues kaufe, wähle ich vegane Taschen und Rucksäcke.

Seit ich Veganer wurde, habe ich kein Lederprodukt mehr gekauft, und das habe ich auch nicht vor. Leder scheint allgegenwärtig zu sein, doch mit etwas Mühe findet man für praktisch alles ethisch erzeugte, nachhaltige Alternativen.

SCHMUCK

Es gibt viel Schmuck ohne tierische Bestandteile, aber ein paar Dinge sollte man im Hinterkopf behalten:

Perlen: Die meisten Perlen entstehen nicht von selbst, sondern stammen aus Kulturen. In den Austernfarmen werden den Perlmuscheln Fremdkörper eingeimpft, damit sie Perlen erzeugen. Bei der Ernte der Perlen sterben die Muscheln normalerweise.

Kleber: Überprüfe beim Hersteller, ob die verwendeten Klebstoffe nicht im Tierversuch getestet wurden und keine tierischen Produkte enthalten. Diese Informationen sind nicht immer leicht zu finden – arbeite mit dem, was du hast, und mach dir nichts draus, wenn du irgendwann nicht weiterkommst.

Fairer Handel: Die Arbeitsbedingungen in Silber-, Gold- und Diamantminen sowie beim Schürfen nach sonstigen Edelsteinen sind ebenso berüchtigt wie die dabei entstehenden Umweltschäden. Inzwischen gibt es aber eine ganze Reihe Lieferanten mit Fair Trade-Zertifikat, sodass du aus ethischen Gründen vielleicht bei einem zertifizierten Anbieter kaufen möchtest.

WO KANN ICH ANFANGEN?

Um ganz sicherzugehen, dass deine Kleidung tierfrei ist, kannst du Label wählen, die sich auf vegane Kleidung oder Kleidung ohne Tierquälerei spezialisiert haben. Diese Informationen sind online leicht zu finden, weil veganerfreundliche Marken natürlich entsprechend für sich werben. Die Auswahl ist verblüffend groß und geht weit über wallende Flower-Power-Gewänder hinaus. Instagram ist eine gute Anlaufstelle. Seit ein paar Hollywood-Größen sich vegan ernähren, hat die Modewelt reagiert.

Am schnellsten wirst du fündig, wenn du ein bisschen herumsurfst, in Foren chattest oder deine Freunde nach tierfreier Kleidung fragst. Natürlich kannst du auch einfach in ein Geschäft marschieren und dort nach rein pflanzlicher, veganergeeigneten Kleidung fragen.

Lies das Etikett; das verrät schon einiges. Dafür musst du allerdings wissen, welche Materialien vegan sind und welche nicht.

FÜR VEGANER*INNEN GEEIGNETE STOFFE

Unsere Kleidung besteht in erster Linie aus Baumwolle und Leinen. Auch Denim oder Canvas werden aus Baumwolle erzeugt. Bei T-Shirts, Hemden, Hosen, Jeans, Sandalen und so weiter funktioniert das gut.

Für den Baumwollanbau wird viel Wasser verbraucht, was ökologisch auch nicht unumstritten ist, aber irgendetwas muss man nun mal anziehen. Umso wichtiger ist es, Kleidung pfleglich zu behandeln, damit sie lange hält. Ansonsten haben wir ein paar Stücke aus Polyester oder aus einem Baumwoll-Polyester-Mix. Polyester ist allerdings Kunststoff, also sollte so etwas lange benutzt werden. Bitte gib abgelegte Kleidung an andere weiter und wirf sie nicht weg.

Bis vor kurzem waren alle Alternativen zu tierischen Materialien aus Kunststoff und damit nicht gerade nachhaltig. Inzwischen jedoch gibt es neue Stoffe, und die Hersteller entwickeln weitere Ideen. Wir freuen uns immer über Alternativen ohne Tierquälerei. Was wir besonders zu schätzen wissen, ist:

- **Bio-Baumwolle aus Fairem Handel** – einfach wunderbar. Uns sind sowohl die Arbeitsbedingungen wichtig als auch ein möglichst umweltfreundlicher Anbau. Bei der Erzeugung von Bio-Baumwolle wird weniger auf Kunstdünger, Pestizide und sonstige Chemie gesetzt, um den Boden zu schonen. Außerdem gibt es bereits diverse Recyclingmarken.

- **Leinen** – der klassische Stoff für tropisches Klima ist sehr umweltfreundlich, besonders wenn er aus Fairem Handel stammt. Zur Hochzeit von Freunden in Griechenland trug Henry einen weißen Leinenanzug und kam sich ziemlich klischeehaft vor. Aber es passte perfekt!

- **Hanf und Bambus** – beides Naturmaterialien, die in der Regel ohne viel Chemie oder Pestizide erzeugt werden. Nur Rayon ist etwas problematisch, denn dieser Stoff wird zwar aus Bambus gewonnen, aber nur über einen stark chemielastigen Prozess.

- **Tencel®** – ein fantastischer Stoff, auch als Lyocell bezeichnet und aus Zellulose erzeugt (also aus Holzbrei). Die Produktion erfolgt sehr umweltbewusst, denn das Wasser und die Chemikalien werden weitgehend wiederverwertet.

- Daneben gibt es schon viele Hersteller, die aus voll recycelten Materialien interessante Produkte anfertigen. Sie bieten Sportschuhe, T-Shirts, Trainingsanzüge und Schwimmbekleidung aus wiederverwerteten Kunststoffflaschen an. So etwas kommt uns gerade recht, und damit sind wir doppelt beschwingt unterwegs. Wir müssen uns schwer beherrschen, nicht überall herumzuerzählen, dass wir gerade alte Flaschen auftragen.

Bei Kleidung sollte wirklich jeder und jede selbst entscheiden. Kauf dir hochwertige Dinge, wenn du glaubst, dass du sie wirklich brauchst. Entscheide du, wie vegan du leben möchtest. Es ist allein deine Sache.

SCHUHE

Herren- wie Damenschuhe werden vielfach mit Leder oder Veloursleder hergestellt, und es ist gar nicht so leicht, vegan unterwegs zu sein.

Sowohl das Leder als auch viele Klebstoffe stammen von Tieren. Allerdings gibt es inzwischen echte vegane Alternativen aus Synthetik und auch aus natürlichem Material. Im Zweifelsfall kannst du dich auf das Logo der Veganen Gesellschaft verlassen oder auf die Aussagen der Firma zu ihrer Fertigung. Du kannst aber auch durchaus Zufallsfunde machen.

Wir haben inzwischen neue Lieblingsschuhe entdeckt. Henry trägt am liebsten Barfußschuhe (auch wenn seine Füße mitunter protestieren), und Ian mag die Marke Converse, weil er gern mit der Mode geht. EmJ trägt meistens Sportschuhe oder Stiefel (die Cowboy- oder Rocker-Varianten), an freien Tagen auch mal Sandalen und bei besonderen Anlässen High Heels. Und alles ist vegan!

Bei den Schuhen lässt du es am besten langsam angehen. Trage das, was du bereits hast. Wenn du etwas Neues brauchst, solltest du dich nach veganen Modellen umsehen. Mach dich im Internet schlau und frag dich durch, bis du etwas „Ohne Tier" findest. Vielleicht entdeckst du neue Lieblingsmarken? Wir hatten dieses Glück!

SECONDHANDKAUF

Wer auf dem Flohmarkt oder im Secondhandshop kauft, kann einen höchst persönlichen Stil entwickeln, Geld sparen und der Umwelt helfen.

Ein Secondhandkauf ist immer die nachhaltigere Lösung, selbst wenn das Produkt nicht vegan ist. Schließlich nutzt du etwas weiter, das es bereits gibt, anstatt etwas Neues zu kaufen und das Alte wegzuwerfen. Du gibst den Produzenten also nicht das Signal, immer mehr davon zu erzeugen, und kurbelst die Nachfrage nicht weiter an.

Manche Menschen finden nicht-vegane Dinge (zum Beispiel Lederwaren) aus zweiter Hand, die bereits existieren und damit nicht dem Gesetz von Angebot und Nachfrage unterliegen, akzeptabel. Allerdings nährt jedes tierische Produkt, das man offen zur Schau stellt (womöglich sogar entsprechende Imitate), die Vorstellung, dass so etwas wünschenswert ist. Wenn jemand also diese Lederjacke an dir sieht und sie toll findet, fühlt er oder sie sich vielleicht ermuntert, im Laden selbst so etwas zu erstehen.

Hinzu kommt der Umstand, dass du etwas trägst, für das (wenn auch vor langer Zeit) Tiere leiden mussten.

MAKE-UP UND HAUTPFLEGE

Wir machen uns viele Gedanken, was wir unserem Körper einverleiben, doch erst nachdem wir vegan wurden, dachten wir irgendwann auch darüber nach, was wir auf den Körper lassen. Bei genauerem Hinsehen waren wir überrascht, wie viele tierische Bestandteile in einem normalen Badezimmerschrank stecken, ob in Feuchtigkeitscreme, Seife oder Duschgel, in Make-up oder Kosmetika. Zudem führen viele Hersteller nach wie vor Tierversuche durch. Wenn etwas zwar keine tierischen Bestandteile enthält, im engeren Sinne also „vegan" ist, aber an Tieren getestet wurde, stören wir uns dennoch an der Tierquälerei.

Seit immer mehr Menschen sich rein pflanzlich ernähren, steigt die Nachfrage nach veganer Kosmetik jedoch steil an.[110] Daher sind inzwischen diverse spannende vegane Produkte verfügbar. Von großen Marken wie *The Body Shop* bis hin zum Luxussegment gibt es in jeder Preisklasse das Passende, und viele Produkte sind tierversuchsfrei.

Henrys Verlobte, EmJ, zählt zu den führenden Visagistinnen des Landes und zaubert ihrem anspruchsvollen Kundenkreis veganes Make-up auf die Haut. Auch uns bereitet sie häufig auf Fotoshootings und Fernsehauftritte vor, denn darin sind wir keine Profis. Aber wir sind lernbereit und nehmen ihre Schönheitstipps bereitwillig an.

DIE FEINEN UNTERSCHIEDE

Zunächst einmal geht es um die Frage, ob etwas als „für Vegetarier geeignet", „vegan" oder „ohne Tierversuche" (cruelty-free) angeboten wird.

Für Vegetarier geeignet
Ein solches Produkt enthält keine Tierbestandteile, kann aber tierische Produkte oder Nebenprodukte wie Bienenwachs, Lanolin oder Ziegenmilch enthalten.

Vegan
Dieses Produkt enthält weder Tierbestandteile noch tierische Produkte oder Nebenprodukte.

Ohne Tierversuche
Das Label „cruelty-free" bedeutet, dass weder Einzelbestandteile noch das Endprodukt an Tieren getestet wurden und auch kein Vertrag mit einer anderen Firma besteht, die Tierversuche durchführt.

Wichtig ist, dass nicht jedes vegane Produkt automatisch „ohne Tierversuche" bedeutet. Umgekehrt ist die Angabe „ohne Tierversuche" nicht automatisch ein Hinweis, dass etwas vegan ist. Zudem werden unterschiedliche Zertifikate unterschiedlich streng überprüft, sodass du selbst überlegen musst, wem du vertraust. Mach dich schlau und hör dich um. Ein guter Ausgangspunkt ist die Seite *https://www.global-standard.org/de.*

MUTTERKONZERNE

Viele Firmen, die selbst ohne Tierversuche arbeiten, gehören größeren Konzernen an, in denen Tierversuche stattfinden. Das ist eine schwierige Grauzone, und man muss sich entscheiden, ob man bei solchen Tochterunternehmen kaufen möchte.

Einerseits geht es um das Gesetz von Angebot und Nachfrage. Je mehr wir bei den Firmen ohne Tierversuche kaufen, desto mehr Geld und Augenmerk bekommen sie von den Mutterkonzernen für ihr Wachstum. Gleichzeitig sprießen neue, vergleichbare Hersteller aus dem Boden, die den Wettbewerb aufnehmen. Andererseits unterstützt du mit deinem Geld indirekt auch den Mutterkonzern, für den weiterhin Tiere leiden. Uns ist es wichtig, auch kleinere, unabhängige Unternehmen zu fördern.

Es bleibt jedoch deine Sache – entscheide so, wie du es für richtig hältst.

WOHER WEISS ICH, DASS AUF TIER-VERSUCHE VERZICHTET WIRD?

Es wäre erfreulich, wenn die Hersteller mit diesem Thema offen und transparent umgingen. Leider gibt es derzeit keine einheitlichen gesetzlichen Regelungen zu solchen Angaben. Die Begriffe „vegan" oder „vegetarisch" sind ebenso dehnbar wie die Angabe „ohne Tierversuche" auf der Website oder Verpackung. Drei Punkte sind hilfreich:

Punkt 1. Verkauft der Hersteller nach China?
Rein rechtlich müssen im Moment alle Konsumprodukte für den chinesischen Markt Tierversuche durchlaufen oder könnten dort jederzeit zu Testzwecken aus dem Regal genommen werden. 2020 soll dieses Gesetz sich ändern, doch bisher kann kein Hersteller, der auch in China verkauft, seine Produkte als „ohne Tierversuche" bezeichnen. Bei Aussagen wie: „Wir führen keine Tierversuche durch", sollte man ohnehin vorsichtig sein, denn solche Hersteller könnten immer noch Drittanbieter ersatzweise mit Tests beauftragen. Am besten prüfst du auf der Website, ob Großhändler oder Verkaufsstellen in China angegeben sind.

Punkt 2. Ist ein passendes Gütesiegel auf den Produkten oder auf der Website?
Marken, die sich verpflichten, keine Tierversuche durchzuführen, können entsprechende Zertifikate erhalten. Diese bestätigen in der Regel, dass weder die Produkte noch deren Inhaltsstoffe an Tieren getestet und auch keine Drittparteien für solche Tests beauftragt wurden.

Zusätzlich wird versichert, dass auch die Lieferanten keine Tierversuche veranlassen. Manche Zertifikate verlangen Nachweise für die Tierversuchsfreiheit, andere unterziehen sich regelmäßigen Audits, wieder andere werden nur an Firmen vergeben, bei denen auch kein Mutterkonzern Tests am Tier durchführt. Die Anforderungen unterliegen einer ständigen Weiterentwicklung, weshalb man sich online zu den verschiedenen Logos informieren sollte. Nähere Erklärungen findest du beispielsweise auf *https://utopia.de/ratgeber/kosmetik-ohne-tierversuche/*

Besonders viel Vertrauen genießen die nachfolgenden Logos. Denk daran, dass „tierversuchsfrei" nicht gleichbedeutend mit „vegan" oder „vegetarisch" ist. Hier geht es allein um Tierversuche, nicht um tierische Bestandteile oder Erzeugnisse.

Punkt 3. Ich finde kein Logo – ist das ein Ausschluss-kriterium?

Keineswegs. Viele Marken holen sich einfach keine Akkreditierung, weil sie sich die Gebühren für die Logonutzung nicht leisten können oder weil der Prüfprozess relativ langwierig ist. Wenn dir etwas zusagt, du aber kein Logo siehst und nicht weißt, ob es in China verkauft wird, kannst du auf folgenden Seiten dein Glück versuchen:

Websites
- Leaping Bunny (auf Englisch):
  www.leapingbunny.org/guide/brands/list

- Cruelty-free Kitty (auf Englisch):
  www.crueltyfreekitty.com/

- Ethical Elephant (auf Englisch):
  www.ethicalelephant.com

- Logical Harmony (auf Englisch):
  www.logicalharmony.net

- Utopia:
  https://utopia.de/ratgeber/kosmetik-ohne-tierversuche/

- Vegan Beauty Blog:
  https://www.kosmetik-vegan.de/tierversuche/

Apps
- Bunny Free from PETA (auf Englisch)
- Cruelty Cutter by Beagle Freedom Project (auf Englisch)
- Happy Bunny (auf Englisch)

OKAY, MEIN PRODUKT IST OHNE TIERVERSUCHE – ABER IST ES AUCH VEGAN?

Siehst du auf der Packung oder auf der Website ein Vegan-Logo? Im Idealfall wäre jedes vegane Produkt mit einem vertrauenswürdigen Logo versehen. Immer mehr Marken gehen dazu über, ihre Produkte als veganerfreundlich zu kennzeichnen. Zu den Siegeln zählen:

Ist es laut Website vegan?

Vielleicht enthält die Website des Herstellers eine Unterkategorie für vegane Produkte. Oder du suchst dein Produkt heraus und gehst auf die Beschreibung. Dass etwas vegan ist, wird in der Regel stolz hervorgehoben. Das ist keine absolut zuverlässige Methode, denn hier geht es nur um die Herstelleraussage, aber wer möchte sich schon der Verbrauchertäuschung bezichtigen lassen?

Inhaltsstoffe prüfen

Wir kaufen selten Make-up. Wenn du nach wie vor unsicher bist, ob dein Wunschprodukt wirklich vegan ist, solltest du wie bei den Lebensmitteln die Inhaltsstoffe unter die Lupe nehmen.

Bei Hautpflege, Make-up und Schönheitspflege solltest du vor allem auf Honig und tierische Fette achten, außerdem auf bestimmte rote Farbstoffe, die (wie bei Lebensmitteln) teilweise aus zerdrückten Insekten gewonnen werden.

Auf den folgenden Seiten haben wir die wichtigsten Substanzen zusammengestellt, die in Kosmetikartikeln häufig auftauchen, und verraten, wie man sie erkennt. Außerdem findest du auf Seite 270 eine praktische Checkliste zum schnellen Abgleich. Unsere Checkliste verzeichnet die kritischen Inhaltsstoffe in englischer Sprache, wie sie auch auf den Etiketten der meisten Kosmetika abgedruckt sind.

HAUTPFLEGE

Gesichtsreinigung, Gesichtspeelings

Waschlotionen enthalten häufig Bienenwachs (Cera alba) oder auch Lanolin (Wollwachs von Schafen). Vermutlich findest du öfter Stearinsäure (Stearic acid), auch als Octadecansäure bezeichnet. Hier wird es knifflig, denn diese Säure *kann* auch aus pflanzlichen Fetten gewonnen werden (dann wäre sie vegan), wurde aber traditionell aus tierischen Fetten erzeugt.

Serum, Feuchtigkeitscreme

Von Hyaluronsäure (Hyaluronic acid) hast du vielleicht schon gehört. Dieses Wundermittel soll Poren verkleinern und die Zellerneuerung beschleunigen. Leider stammt sie mitunter aus Hahnenkämmen oder anderem tierischen Gewebe. Inzwischen gibt es jedoch eine vegane Version, die in vielen Produkten eingesetzt wird.

Seren oder Feuchtigkeitscremes enthalten auch häufig Talg (Tallow), also ausgelassenes Tierfett, sowie Collagen, Glycerin und vielleicht Squalene (aus Haileber). Letzteres ist etwas anderes als Squalane (aus Oliven!). Retinol kann ebenfalls von Tieren oder Pflanzen stammen, also informiere dich genauer.

Duschgels, Seifen, Körperpeelings

Auch hier werden für eine weiche Haut gern Honig und Lanolin verwendet. Seife enthält häufig Stearinsäure pflanzlicher oder tierischer Herkunft. Peelings haben früher gern Mikroplastik genutzt, das dann über die Kanalisation in die Flüsse gelangt. Bitte informiere dich hier weiter: https://www. verbraucherzentrale.de/wissen/umwelt-haushalt/produkte/ mikroplastik-und-kunststoffe-in-kosmetik-und-im-meer-26381

HAARPFLEGE

Stylingprodukte

Gern verwendet wird Bienenwachs, weil es guten Halt bietet. Auch Glycerin ist beliebt, kann aber von Tieren wie Pflanzen stammen. Bei Stearinsäure musst du zweimal hingucken.

Shampoo, Spülung

Beides enthält häufig Lanolin und Honig für geschmeidiges, weiches Haar. Keratin (aus zermahlenen Tierhufen und Hörnern) soll das Haar stärken und glätten, Guanin (aus Fischschuppen) für mehr Glanz sorgen. Achte auch hier darauf, ob Stearinsäure aufgeführt ist; wenn ja, sollte sie rein pflanzlich sein.

MAKE-UP

Foundation, Concealer

Die perfekte Grundierung für Make-up soll zugleich für seidig glatte Haut sorgen. Deshalb kann Grundierung Seidenpartikel enthalten, die von Seidenraupen stammen. Weitere kritische Inhaltsstoffe wären Lanolin, Bienenwachs, (tierisches) Glycerin oder Honig.

Mascara

Hier hält der Markt viele vegane Produkte bereit. Eine ganze Menge enthält aber immer noch tierische Bestandteile wie Glycerin und Guanin (aus Fischschuppen). Bienenwachs und Honig sind ebenfalls verbreitet.

Lidschatten, Eye-Liner

Viele Marken wenden sich veganen Rezepten zu. Der wichtigste tierische Bestandteil, der sich hier hineinmogelt, ist die Cochenilleschildlaus für den Farbstoff Karmin. In Eye-Linern und cremigem Lidschatten kommt auch Bienenwachs häufig vor.

Gesichtspuder

Puder enthält häufig Seiden- oder Perlpartikel für sanftere Übergänge. Rötliche Farbtöne enthalten besonders häufig Karmin von der Cochenilleschildlaus. Für eine schimmernde Wirkung werden teilweise auch Fischbestandteile – Guanin – verwendet.

Lippenstift, Lipgloss, Lippenpflege

Für die Lippen gibt es eine unendliche Produktvielfalt. Leider ist ausgerechnet diese Kosmetik am seltensten vegan. Gerade die roten Pigmente werden zumeist mit Hilfe der Cochenilleschildlaus erzielt. Bienenwachs und Guanin sind ebenfalls beliebt. Dennoch gibt es bereits synthetische und pflanzliche Farben.

Nagellack

Die meisten Nagellacke enthalten tierische Bestandteile, um Farben oder Glanz zu verstärken oder zur Feuchtigkeitsversorgung und Stärkung der Nägel. Der Schimmer verdankt sich häufig Guanin. Schellack wird in Indien aus dem Sekret der Lackschildlaus gewonnen und kommt in fast allen Gel-Nagellacken, mitunter auch in normalem Nagellack vor. Wahrscheinlich stößt du auch auf den Farbstoff Karmin und auf Keratin (aus Hufen und Hörnern) für stabilere Nägel.

WEITERE PRODUKTE

Deodorants

Besonders Henry hat sich auf die Fahne geschrieben, jedes erdenkliche vegane und natürliche Deodorant zu testen. Gute Deos beruhen normalerweise auf Salzen. Nicht-vegane Deos enthalten häufig Bienenwachs und Glycerin (wobei das Glycerin auch von Pflanzen stammen kann). Achtung, die meisten Deo-Marken gehören zu großen Firmen, die auch in China verkaufen. Bis sich die Gesetze ändern (siehe Seite 261), müssen sie dafür Tierversuche nachweisen.

Zahnpasta

Wie bei den Deodorants geht es bei den meisten Zahnpastas darum, dass sie auch in China verkäuflich sind und daher leider an Tieren getestet werden. Zudem enthält Zahnpasta oft Glycerin, das von Tieren oder Pflanzen stammen kann. Mehr kann dir nur der Hersteller oder das Logo verraten.

SPICKZETTEL.

Nicht-vegane Inhaltsstoffe auf einen Blick[111]

adrenalin*
allantoin*
alpha-hydroxy acids*
ambergris
arachidonic acid
beeswax (cera alba)
biotin*
bone phosphate (E 542)
calcium caselnate
calcium lactate*
calcium stearate*
caprylic acid
carmine (carminic acid)
castor
castoreum
cerebrosides
cetyl alcohol
chitosan
cholesterol
civet
cochineal
collagen*
cystine*

disodium inosinate*
emu oil
gelatine
glycerin*
guanine
honey
hyaluronic acid*
keratin
L-cysteine*
lactitol
lactose
lanolin
lard
lecithin
linoleic acid
magnesium stearate*
mink oil
monoglycerides, glycerides*
musk*
myristic acid*
oestrogen (estradiol or es-
trogen)*
oleic acids*

palmitic acid*
panthenol (provitamin B5 and derivatives)*
polypeptides*
polysorbates*
pristane*
progesterone*
propolis
retinol*
RNA*
royal jelly
shellac (E 904)
silk powder
snails
squalene (nicht squalane; das ist pflanzlich)
stearic acid*
turtle oil
urea (uric acid)
vitamin A (retinol)*
vitamin D3 (cholecalciferol)*

* Für diesen Inhaltsstoff gibt es auch eine pflanzliche Form unter derselben Bezeichnung. Leider muss nicht aufgeführt werden, welche Form verwendet wurde. Informiere dich also auf der Website oder frage direkt beim Hersteller nach.

UND WAS IST MIT DEN PINSELN?

Make-up- und Rasierpinsel bestehen aus Tierhaaren, ob von Nerz, Eichhörnchen, Ziege, Dachs oder anderen. Traditionell sollen sie das Make-up gleichmäßiger verteilen. Pinselhersteller, die mit „Naturhaar" werben, meinen damit Haare vom Tier.

Die Haare werden zudem oft von nicht-veganem Klebstoff zusammengehalten. Entscheide dich lieber für Pinsel aus Synthetik, in denen sich zudem weniger Schmutz und Bakterien breitmachen.

Falsche Wimpern

Dieser Punkt wird häufig übersehen, aber viele Wimpernmarken nutzen neben Menschenhaar auch Tierhaar. Nimm lieber Produkte mit Aufschriften wie „synthetisch", „Netzersatz" oder „faux silk", am besten mit Veganer-Siegel und tierversuchsfrei.

Hygieneartikel

Die meisten Damenbinden und Tampons sind nicht ohne Tierversuche erzeugt. Manche enthalten Chlor oder andere Chemikalien, die an Tieren getestet wurden. Zudem sind die Binden und auch Kunststoffapplikatoren normalerweise Einwegartikel. Es gibt mittlerweile wiederverwendbare Menstruationstassen und Applikatoren sowie weitere ökofreundliche Artikel für die Periode, die du ausprobieren kannst.

Enthaarung

Was uns besonders erstaunte, waren unsere Rasierklingen, bei denen die feuchtigkeitsspendenden Gelstreifen teilweise tierische Produkte enthalten können. Zudem testen viele Hersteller andere ihrer Produkte an Tieren, sodass sich hier ein weites Feld auftut. Glücklicherweise gibt es durchaus veganerfreundliche Rasierklingen, Rasiercremes und Aftershave.

Wachsen ist zumeist nicht veganerfreundlich, weil das Wachs Chemie oder Parfümstoffe und manchmal auch Bienenwachs enthalten kann (wobei es in der Regel pflanzlich oder aus Paraffin ist). Manche Sorten enthalten Honig und andere tierische Produkte. Veganer setzen daher zumeist auf Sugaring. Wer sich gründlicher umsieht, findet aber auch vegane Wachsalternativen. Hierzu möchten wir betonen, dass Enthaaren oder nicht (und wenn ja, wo) immer deine ganz persönliche Entscheidung bleibt.

Parfüm und Aftershave

Traditionell enthalten viele Parfüms und Aftershaves Zibet oder Moschus, was aus den Analdrüsen von Zibetkatze und Moschushirsch gewonnen wird. Das muss nicht einmal auf dem Etikett stehen, weil die Duftstoffe häufig als „Betriebsgeheimnis" gelten. Zum Glück werden diese Inhaltsstoffe inzwischen viel seltener genutzt und zumeist durch synthetische Substanzen ersetzt. Andere nicht-vegane Zutaten wären Leder, Honig und Bienenwachs, die jeweils eigene Duftnoten beisteuern. Achte auf das vertrauenswürdige Vegan-Logo (siehe Seite 264).

Sonnenschutz

Hier verbergen sich vielfach dieselben In-haltsstoffe wie in Reinigungsmilch: Bienen-wachs, Lanolin, Collagen und Stearinsäure. Achte beim Prüfen auch auf Elastin und Chitin (aus den Schalen von Krustentieren).

Kosmetiktaschen

Die teuren bestehen meist aus Leder, die preisgünstigen aus Kunststoff. Als wir vegan wurden, machten wir uns um solche Dinge zunächst wenig Gedanken. Gute Alternativen von unabhängigen Designern gibt es mittlerweile aus Pinatex und Kork. EmJ bietet auf *www.theemjcompany.com* (auf Englisch) eigene Entwürfe an.

Behandlungen

Eine kosmetische Behandlung, Massage oder Maniküre ist selten tierfrei. Schließlich sind bereits die Nagellacke meist nicht vegan (siehe Seite 269). Auch die verwendete Gesichtspflege und Massageöle dürften nicht-vegane Bestandteile enthalten. Am besten erkundigst du dich vorher. Es gibt Studios, die auf vegane Bedürfnisse eingestellt sind, weil sie entweder ohnehin vegane Produkte verwenden oder gern auf Sonderwünsche eingehen.

TATTOOS

Tattoo-Tinte kann beispielsweise Kohle (aus Knochen), tierische Fette, Glycerin oder Schellack enthalten, aber auch völlig vegan sein. Frag nach! Außerdem kann das Stencil-Papier lanolinhaltig sein, und auch manche Produkte für die Pflege nach dem Tätowieren können tierische Produkte enthalten.

Am besten wählst du von vorneherein ein veganerfreundliches Studio und hast damit eine Sorge weniger.

Auch hier gilt: Das Internet ist dein Freund. Mach dich schlau und bitte um Empfehlungen.

Mach dir am besten nicht zu viele Gedanken. Gerade zu Beginn kommt es eher darauf an, den Einstieg so leicht wie möglich zu gestalten. Ein Schritt nach dem anderen ist bestimmt besser, als von jetzt auf gleich absolut überall vegan zu leben. Nachfragen kannst du natürlich dennoch.

WAS SONST NOCH TIERISCHE PRODUKTE ENTHÄLT

Geld

Bei Banknoten (zum Beispiel britischen, australischen und kanadischen) stammt die glatte Struktur mitunter von Talg, einem tierischen Fett.

Kondome

Bei der Herstellung von Latexkondomen wird für ein angenehmeres Tragegefühl gern Kasein (Milchprotein) zugesetzt. Häufig werden auch die Inhaltsstoffe an Tieren getestet und bei der Produktion aggressive Chemikalien verwendet. Selbst die großen Markenhersteller bieten jedoch diverse veganerfreundliche Kondomsorten an. Ein Glück! Achte auf das Vegan-Logo.

Künstlerbedarf

Zweimal hinschauen sollte man bei Farben und Pinseln, Klebstoffen, Wachsmalstiften und sogar beim Papier. Die meisten Acrylfarben sind veganerfreundlich, aber um sicherzugehen, solltest du dich auf passenden Seiten für veganen Kunstbedarf umsehen. Dort werden die großen Marken im Detail besprochen.

Chlor

Ähnlich wie bei den Kunststoffen (siehe Seite 288) ist auch Chlor ein Beispiel dafür, dass ein absolut veganes Leben praktisch unmöglich ist. Chlor wird an Tieren getestet, also möchtest du sicher weitgehend darauf verzichten. Verwendet wird Chlor im Schwimmbad, in Putzmitteln und in Tampons – aber deshalb darfst du dennoch schwimmen gehen und natürlich auch deinen Lieblingssport betreiben. Biotampons oder solche mit Vegan-Logo sind chlorfrei. Mehr zu Putzmitteln steht auf Seite 280.

Vitamine

Mitunter sind Vitaminpillen mit Gelatine überzogen, einem tierischen Produkt. Sieh dich also nach veganen Darreichungsformen um. Fischöl geht natürlich nicht. Vitamintabletten für Kinder sind mitunter gefärbt; auch hier solltest du genauer hinsehen. Die meisten Markenhersteller berücksichtigen die Wünsche von Veganern, sodass man leicht gute Alternativen findet.

Kerzen

Bienenwachskerzen sind tabu, aber auch andere Kerzen enthalten zur besseren Aushärtung häufig tierische Fette, mitunter sogar Öl von Walen oder Delfinen. Billige Paraffinkerzen sind wegen ihres hohen Gehalts an giftigen Substanzen keine gute Alternative. Manche Kerzen bestehen aus Palmöl, was auch nicht sehr tierfreundlich ist (siehe Seite 163). Eine Alternative mit zudem deutlich längerer Brenndauer wäre Biosoja.

VEGANES WOHNEN

Sobald du Kleidung und Bad unter die Lupe genommen hast, kannst du andere Aspekte deines Zuhauses überprüfen.

Mach dir klar, dass es bei dir in der Wohnung garantiert nicht-vegane Dinge gibt. Selbst die Vegane Gesellschaft empfiehlt: vegan nur „so weit wie möglich und praktikabel". Zu Hause komplett vegan zu leben ist nahezu unmöglich oder zumindest schwer. Selbst der Kleber, mit dem Bücher gebunden sind, ist zumeist nicht vegan. Dasselbe gilt für Möbel und möglicherweise die Produktion der installierten Technik. Deine Matratze enthält vielleicht Wolle, wobei es inzwischen auch vegane Matratzen gibt.

Zu Beginn unserer Reise haben wir keine Sekunde darüber nachgedacht, ob für unsere Einrichtung womöglich tierische Produkte verwendet wurden. Auch hier entscheidest du selbst oder akzeptierst einfach, dass du mit diesem Punkt durchaus leben kannst.

Mach dich nicht verrückt, wenn es bei dir zu Hause nicht-vegane Dinge gibt.

Dinge, die du ewig oder zumindest sehr lange nutzt und nicht regelmäßig ersetzt, haben weniger Einfluss als alles, was du regelmäßig nachkaufst. Deshalb ist es in unseren Augen wichtiger, sich vegan oder weitgehend vegan zu ernähren und mit allem anderen zufrieden zu sein, als zwanghaft eine komplett vegane Umgebung anzustreben und dann letztlich aufzugeben.

Werfen wir dennoch einen Blick darauf, was in einem Haushalt so vorkommt.

PUTZMITTEL, REINIGER

Es gibt inzwischen so viele natürliche Produkte, dass man auf aggressive Chemie wie Bleich- und Desinfektionsmittel (häufig mit Chlor) verzichten kann. Aber auch solche Alternativen sind nicht automatisch tierversuchsfrei. Wir verwenden inzwischen ein veganes Spülmittel, weil jemand in unserem Instagram-Kanal eine nicht-vegane Marke erspähte und uns darauf ansprach. Auch wir lernen noch dazu. Viele Putzmittel enthalten Bienenwachs oder Lanolin, also sieh genau hin. Staubwedel mit echten Federn gehen gar nicht. Zum Putzen nehmen wir inzwischen keine Wegwerfschwämme mehr, sondern solche, die man waschen und wiederverwenden kann.

BETTWAREN

Am besten nimmst du veganerfreundliche Decken, Kissen und Überwürfe. Biobaumwolle wird mit viel weniger Chemie erzeugt als im traditionellen Baumwollanbau, hat also einen kleineren ökologischen Fußabdruck. Es gibt bereits sehr umweltbewusste Hersteller, die bei Produktion und Färbung genau hinsehen und auf natürliche, biologisch abbaubare Materialien wie Bambus, Kokosfasern und Leinen setzen.

Dass Kissen und Decken mit Federn oder Daunen keine Option sind, ist klar. Dasselbe gilt für Seiden- oder Wolldecken (mehr dazu auf Seite 249).

POLSTERMÖBEL, TEPPICHE

Das Ledersofa ist nicht nur nicht vegan, sondern wahrscheinlich auch mit Harzen und Konservierungsmitteln behandelt, also deutlich umweltschädlicher als vegane Alternativen. Wähle beim Neukauf lieber Produkte ohne Leder, Wolle oder Seide. Große Hersteller haben bereits vegane Produktreihen. Es gibt sehr gute vegane Stoffe, selbst Pelz- und Lederimitate, die allerdings nicht immer sehr nachhaltig sind. Acryl ist Kunststoff – nimm lieber natürliche Stoffe aus Baumwolle oder Leinen. Und Teppiche gibt es sogar schon aus recycelten Kunststoffflaschen.[112]

DAS GEDRUCKTE WORT

Bei Büchern, Zeitschriften und anderen Druckerzeugnissen ist oft die Tinte das Problem, denn die kann Glycerin, Tierkohle und Schellack enthalten. Zwar gibt es vegane Alternativen aus pflanzlichen Farbstoffen, aber die sind schwer erhältlich, und wir mussten feststellen, dass sie mit den meisten häuslichen Druckern inkompatibel sind. Druck bitte nur, was unbedingt notwendig ist, und nutze möglichst wiederbefüllbare Druckerpatronen.

Auch dein Papier sollte aus zertifizierter Herstellung kommen oder recycelt sein. Das FSC-Logo bürgt für nachhaltige Forstwirtschaft, in der die Wälder für künftige Generationen erhalten und die Rechte der indigenen Völker geachtet werden.

ELEKTRONIK

Wir lieben unsere Laptops und Smartphones bestimmt genauso sehr wie andere Millenials, waren aber ziemlich schockiert, als wir erfuhren, wie viel „Tier" darin steckt. LCD-Screens können tierische Produkte enthalten, und zur Herstellung mancher Batterien wird Gelatine benötigt. Hinzu kommen die Kunststoffe und Kleber für die elektronischen Bauteile.

Eine andere Frage, die praktisch sämtliche Elektronik betrifft, ist der ziemlich umweltschädliche und ausbeuterische Abbau der dafür nötigen Seltenen Erden. In unserer Welt sind ökologische Schäden oder unfaire Behandlung durch die Herstellung elektronischer Geräte nahezu unvermeidbar. Dennoch sollten wir uns dieses Thema bewusst machen, um besser entscheiden zu können, ob wir das nächste Upgrade wirklich brauchen oder nicht.

ENERGIEVERSORGUNG

Grüne und erneuerbare Energien sind natürlich ein Riesen-schritt in die richtige Richtung, doch erneuerbar bedeutet nicht zwangsläufig vegan. Zu den spannendsten Neuentwick-lungen in der grünen Energie zählt die anaerobe Verdauung von Abfallprodukten durch Mikroorganismen, bei der Biogas entsteht. Das schont natürlich die Deponien, ist aber leider nicht vegan. Der allererste zertifiziert vegane britische Ener-gieversorger (dem hoffentlich noch andere folgen werden) ist Ecotricity. In Deutschland bietet Polarstern vegane Energie.[113]

HAUSTIERE

Ob Veganer Haustiere halten sollten oder nicht, ist umstritten. Die einen sagen, dass Haustiere nur aus Eigennutz gehalten werden, was nicht dem Ideal des veganen Lebens entspricht. Andere finden, dass man Tieren in Not helfen sollte, und ha-ben daher keinerlei Bedenken, sondern sind sogar stolz dar-auf.

Selbst der Begriff der „Haustierhaltung" wird in Frage ge-stellt, weil manche meinen, dass kein Mensch ein Tier als Ei-gentum betrachten sollte. Daher sehen manche Veganer ihr Haustier als vollwertiges Familienmitglied oder einfach als Freund.

Hinzu kommt das Problem der Zucht. Insbesondere Hunden wurden bestimmte Rassemerkmale angezüchtet, die dem Menschen so gefallen. Viele Moderassen, darunter solche mit flacher Schnauze wie Mops oder Bulldogge, kleine Hunde wie Dackel und Chihuahua oder größere wie Dalmatiner, leiden infolge der intensiven Zucht an Gesundheitsproblemen. Hierzu zählen eine behinderte Atmung, Blindheit, Taubheit sowie Hüft- und andere Gelenkbeschwerden, die den Alltag stark beeinträchtigen können. Ähnliche genetische Defekte treten bei manchen Rassekatzen auf. Die Zuchtbedingungen sind vor allem in „Welpenfarmen" und ähnlichen Massenzuchten ethisch fragwürdig.

Daher lautet ein gängiger Rat, lieber ein Tier in Not zu adoptieren als ein Tier wie ein Qualitätsprodukt zu kaufen, um den Züchtern die Anreize zu nehmen. Wie du dazu stehst, kannst nur du entscheiden.

Zur Fütterung deiner Tiere gibt es für fast alle Haustiere gute vegan zertifizierte Futtermittel. Manche Tiere allerdings, darunter Schlangen und Katzen, brauchen zwingend tierische Nahrung.

Wir lieben Tiere, haben aber keine Haustiere. Ian mag Katzen und bezeichnet sich als „Katzenmenschen", würde sich aber keine anschaffen, weil Katzen Fleisch fressen und er kein Fleisch verfüttern möchte. Henry hatte früher selbst Katzen, die er sehr liebte, entwickelte aber leider eine starke Katzenallergie. Wir sind beide große Hundefreunde, und hin und wieder bringt unsere Mitbewohnerin Anne den hinreißenden Barney mit. Immer wieder diskutieren wir, ob wir uns nicht einen **BOSH!**-Hund anschaffen sollten. Irgendwann steht das noch auf der Agenda – wenn der passende Zeitpunkt gekommen ist.

Interessant ist dabei die Frage, ob Kinder, die selbst Tiere hatten, später tierlieber sind. Mag sein. Tiere machen viel Freude, sind aber auch eine große Verantwortung. Wenn jedoch schon in der Kindheit ein Hund zur Familie gehörte, wird einem vielleicht schneller klar, dass ein Ferkel einem Welpen gar nicht so unähnlich ist. Nur dass wir aus unerfindlichen Gründen (Tradition?) das eine Tier essen und das andere ins Herz schließen.

Insgesamt halten wir es für gut, einem geretteten Tier ein neues Zuhause zu schenken, solange es dabei den nötigen Respekt erfährt.

AUTOFAHREN UND VERKEHR

Die meisten Autos sind leider nicht vegan. Das ist ein gutes Beispiel dafür, dass veganes Leben eine Richtungsentscheidung ist, aber nie absolut sein kann. Wenn du ein veganes Auto suchst, sollte es natürlich keine Ledersitze haben. Aber auch in jedem LCD-Screen stecken tierische Bestandteile, und die verbauten Stahlteile können mit tierischen Fetten geschmiert sein. Dagegen kannst du wenig ausrichten. Dennoch solltest du darauf hinweisen, dass du einen Wagen ohne tierische Produkte suchst. Je mehr Anfragen die Hersteller hören, desto eher werden sie Alternativen anbieten. Neben den Sitzen und dem Innenraum kommen vegane Reifen in Frage. Manche Autoreifen enthalten tierische Produkte, aber inzwischen halten auch bekannte Hersteller vegane Reifen bereit. Frag also unbedingt nach.

Das nächste Problem ist natürlich der Treibstoff. Jeder weiß, dass fossile Kraftstoffe umweltschädlich sind und Emissionen erzeugen. Außerdem lohnt sich ein Blick auf die Bohr- und Fördermethoden, die unweigerlich Tiere das Leben kosten.

Wir sind davon überzeugt, dass schon ziemlich bald nur noch Elektrowagen unterwegs sein werden. Ja, auch die benötigen Energie, und ja, die Batteriefrage ist noch nicht zufriedenstellend gelöst, aber je schneller wir alle auf Elektrofahrzeuge umsteigen, desto besser. Ist das eine Option für dich?

Am besten fährst du natürlich gar nicht Auto. In London bewegen wir uns bei Autofahrten bis zu 30 Minuten bevorzugt per Fahrrad. Das Herumflitzen ist befreiend, macht Spaß, und man tut noch etwas für die Fitness. Mit etwas Glück kannst du auf einen gut ausgebauten öffentlichen Nahverkehr zugreifen – nutze ihn. Das hilft der Umwelt und ist vermutlich auch billiger für dich.

Womit wir beim Fliegen wären, das wir bereits zu Beginn des Buches angesprochen haben (siehe Seite 38). Wir werden dir nicht rundweg raten, nie wieder in ein Flugzeug zu steigen. Bist du schon einmal per Boot von Europa nach Amerika gereist? Das ist nur schwer zu bewerkstelligen. Mach dir aber bewusst, was deine Reise die Umwelt kostet, dass die Flugzeugherstellung bestimmt nicht veganen Gesichtspunkten entspricht, und die Flugzeuge selbst sowie die Flughäfen den Tieren natürlich auch Schaden zufügen. Wann immer möglich sollte man also abwägen und einer umweltfreundlicheren Lösung den Vorzug geben. Bahnfahren und Bootsreisen können Spaß machen!

Aber das ist deine Entscheidung. Wir machen niemandem Vorschriften. Reisen ist wichtig, denn der Kontakt mit unterschiedlichen Kulturen, Menschen und Lebensweisen erweitert den Horizont und bringt uns zusammen. So können wir uns weiterentwickeln. Also reise deinen Bedürfnissen entsprechend, aber verhalte dich dabei möglichst nachhaltig.

KUNSTSTOFFE

Plastikmüll ist momentan unübersehbar ein Riesenthema. Insbesondere Einwegkunststoffe beeinträchtigen die Ökosysteme unserer Meere massiv. Allein im Vereinigten Königreich landen jährlich 2,5 Milliarden mit Polyethylen (PE) beschichtete Coffee-to-go-Becher im Müll (in Deutschland 1,3 Milliarden).[114] Nur ein Bruchteil davon wird recycelt.[115] Hinzu kommen Wasserflaschen aus Kunststoff, Kunststoffverpackungen für zahllose Haushaltsprodukte, Lebensmittel und Medikamente, Klebstreifen, Plastiktüten oder das Plastik in unserer Elektronik ... Die Liste ist endlos.

Die meisten Kunststoffe enthalten keine tierischen Beimengungen, manche aber schon, und auch die Herstellung kann tierischen Lebensräumen schaden. Das Hauptproblem ist jedoch, dass Kunststoffe oft nach kurzem Gebrauch weggeworfen werden, aber sehr lange in der Umwelt verweilen. Wir alle kennen die Bilder von Meerestieren, die sich in Plastikmüll verheddern, oder haben von Meeresbewohnern gehört, in deren Mägen Kunststoff entdeckt wurde. Doch die Fokussierung auf Wegwerfartikel (von denen wir selbstverständlich Abschied nehmen sollten) lenkt von den Hauptverursachern ab. Etwa die Hälfte des Plastiks in den Ozeanen stammt von Fischernetzen,[116] und der berüchtigte Pacific Garbage Patch (Plastikmüll in den Ozeanen) besteht größtenteils aus Fischereimüll.[117]

Kunststoffe sind ein sehr gutes Beispiel dafür, wie schwer es ist, absolut vegan zu leben. Ein 100-prozentig veganes Leben ist in unseren Augen unmöglich, weil fast alles direkt oder indirekt die Tierwelt beeinflusst. Fossile Brennstoffe sind tierische Nebenprodukte, beim Ernten von Gemüse können Feldbewohner zu Schaden kommen, Insektenabwehrmittel irritieren Stechmücken.

Damit wollen wir dich keineswegs unnötig stressen! Doch bei einer veganen Lebenseinstellung geht es ja auch darum, sich möglichst so zu verhalten, dass es anderen Lebewesen nützt.

Wir verwenden nach Möglichkeit Artikel aus recyceltem Kunststoff und kaufen Wasser in Ökoflaschen. Ian hat sogar immer sein eigenes Besteck im Rucksack dabei (wobei ich nicht sicher bin, ob er es je benutzt hat). Wir kaufen gern in Geschäften ein, wo man eigene Behälter mitbringen und befüllen kann und verabschieden uns peu à peu von Shampoos und Spülungen in Kunststoffflaschen. Zum Glück gehen auch einige Supermarktketten inzwischen auf solche Verbraucherwünsche ein.

Da wir auf **BOSH!** sehr viel kochen, können wir unsere Zutaten online bestellen und liefern lassen, was viel Zeit spart. Andererseits fällt dadurch mehr Plastikmüll an, als uns lieb ist. Das ist leider keineswegs ideal. Wir wollen andere dazu animieren, sich vegan zu ernähren, ihren Fleischkonsum zurückzuschrauben und dadurch weniger CO_2 zu erzeugen. Das ist unser Geschäftsmodell. Wir sind keineswegs perfekt, aber wir geben uns große Mühe, diese Welt ein Stück weit zum Positiven zu verändern.

URLAUB UND FEIERTAGE

Die schönsten Kindheitserinnerungen ranken sich bei vielen Menschen um Urlaubserlebnisse und Familienfeste. Solche Eindrücke sind uns überaus wichtig und können das Leben intensiv prägen.

Wenn man es sich leisten kann, sind Reisen ein Geschenk. Man erlebt wunderbare Momente, öffnet sich für andere Kulturen, und die Persönlichkeit kann sich entwickeln.

Wie beim Einstieg in die vegane Szene begegnet man neuen Menschen und sieht die Welt mit anderen Augen. Viele unserer prägendsten Erlebnisse haben sich im Urlaub zugetragen, und wir sind überzeugt, dass Reisen wichtig sind. Zudem sind auch einige der interessantesten und fortschrittlichsten Personen in unserem Umfeld durch ihre Reisen so geworden, wie sie sind. Für Veganer ist Urlaub jedoch eine spezielle Herausforderung und erfordert gute Vorbereitung. Bei Auslandsreisen solltest du dich vorher schlau machen.

In den meisten Großstädten dürftest du gastronomisch fündig werden. Hier helfen Seiten wie *HappyCow.net* (auf Englisch) oder *Vanilla-Bean.com* (auf Englisch) bei der Planung, im deutschsprachigen Raum auch VeggieFinder oder

der Peta Veganblog. Es gibt bereits viele Hotels und Privatanbieter, die auf Vegetarier und Veganer eingestellt sind.

Abseits größerer Städte solltest du eigene Snacks mitnehmen und vielleicht eher eine Ferienwohnung buchen. Mit der App Vegan Passport kannst du in 78 Sprachen Ernährungsfragen klären. Bei der Vegan Society kannst du diese Kommunikationshilfe sogar gedruckt erwerben. Auch unsere Ausführungen zu landestypischer Küche ab Seite 214 dürften weiterhelfen, denn in manchen Regionen ist eine vegane Ernährung gar nicht so schwer.

Henry liebt Japan. Bei seiner ersten Japanreise aß er noch Fleisch; beim zweiten Trip war er vegan. Das war ein Riesenunterschied! Als Veganer gab es in Japan sehr viel für ihn zu lernen. Selbst Nudelsuppe mit Gemüse wird normalerweise mit Fischsauce abgeschmeckt. Zudem sind die Japaner so verrückt nach Eiern, dass sie gern mal ein rohes Ei frühstücken. Und sie lieben sowohl rohen Fisch als auch BBQ. Wenn dann noch die Sprachbarriere hinzukommt, wird es schwierig.

Mit ein wenig entschlossener Planung kann es dennoch klappen, und vielleicht stößt du sogar auf eine vegetarische Tradition wie Shojin Ryori, die klassische japanische „Tempelernährung". Lerne vor der Reise unbedingt ein paar Grundbegriffe der lokalen Sprache, mit denen du „kein Fleisch, kein Fisch, keine Milchprodukte, keine Eier" ausdrücken kannst. Suche vorab nach veganen Restaurants und gönn dir den Spaß, mit Hilfe von Google Translate im Supermarkt die Zutaten zu enträtseln. Denke daran, vor dem Flug veganes Essen zu bestellen und eigene Snacks einzupacken.

Es geht aber nicht nur ums Essen. Für exotischere Ziele wirst du Impfungen brauchen. Die meisten Impfstoffe sind jedoch nicht vegan. Dennoch solltest du dich an die ärztlichen Empfehlungen halten. Impfen kann nicht nur dir, sondern auch anderen das Leben retten.

Das erzeugte CO_2 deiner Reise kannst du eventuell ausgleichen. Manche Initiativen pflanzen gegen Gebühr Bäume, die für deinen CO_2-Verbrauch einen Ausgleich schaffen. Schau allerdings genau hin. Nicht alle kümmern sich darum, dass diese Bäume wirklich wachsen; manche säen nur per Hubschrauber aus. Wenn du eine Ausgleichsabgabe zahlen willst, dann achte auf Initiativen, bei denen die Bäume nachweislich heranwachsen. Einerseits wird dieses Instrument gern genutzt, andererseits ist das Vorgehen umstritten. Das Gegenargument lautet, dass man sich lediglich freikauft. Wichtiger wäre es, von vornherein nachhaltiger zu leben. Triff die Entscheidung so, wie es für dich stimmt.

Unsere wichtigsten Tipps für veganes Reisen:

- **Lunchpaket mitnehmen.** Wir nehmen gern eigenes veganes Essen mit, denn das Angebot im Flugzeug, im Zug oder auf Schiffen ist ziemlich rudimentär. Setze auf Selbstversorgung, ob selbstgekocht oder aus einem veganerfreundlichen Imbiss unterwegs. Das schmeckt auch gleich besser!

- **Pack deine veganen Kosmetikartikel ein** (auch Sonnenmilch und Mittel gegen Insektenstiche), weil du vor Ort vielleicht nichts Entsprechendes bekommst.

- **Lade dir die App Vegan Passport herunter,** um dich verständlich machen zu können.

- **Lies unsere Gedanken zum Gespräch mit der Bedienung** (siehe Seite 238). Am besten lernst du ein paar kleine Sätze in der Landessprache, damit du veganes Essen bestellen kannst.

- **Erstelle eine Liste von Restaurants mit veganen und vegetarischen Angeboten** in deiner Zielregion. Das erleichtert unterwegs den Austausch mit anderen Veganern oder Vegetariern. Hinterlasse hinterher passende Kommentare.

- Prüfe die Nachhaltigkeit deiner Reisemöglichkeiten und **fliege nur, wenn nötig.**

- **Melde dich vorher in deinem Hotel** oder deiner Unterkunft und sage, dass du vegan lebst. Mit etwas Glück können sie sich darauf einstellen. Wenn nicht, gibt es in der Nähe vielleicht eine vegane Lodge oder etwas anderes Passendes.

UND
JETZT?

Du wirst viele Fragen hören. Im Restaurant wird man sich wundern, dass du Sonderwünsche äußerst. Bei Einladungen werden deine Freunde fragen, warum du dich vegan ernährst.

Du wirst Familie und Freunden erklären müssen, was du tust. Sie werden ihre Meinung dazu äußern, und du kannst solche Diskussionen nur mit viel Takt und Respekt meistern. Niemand wird mit seiner Meinung hinter dem Berg halten, also musst du dich daran gewöhnen, deine Ansicht bestmöglich zu vertreten.

Achte besonders auf Höflichkeit und Respekt, damit du mit deinen Aussagen keinen Scherbenhaufen hinterlässt. Manche Menschen haben eine sehr starre Weltsicht und können abweichende Ansichten als bedrohlich empfinden. Dann sollte man behutsam bleiben.

Für die häufigsten Fragen kannst du dir kurze, prägnante Antworten überlegen. Dann kannst du bald mit voller Überzeugung antworten und dazulernen.

Sobald du mehr Augenmerk auf deine Ernährung richtest, achtest du vielleicht auch stärker auf andere gesundheitliche Aspekte. Liebe deinen Körper! Lerne mehr über Ernährung und hilf anderen mit deinen Tipps weiter. Koche für deine Freunde und zeig ihnen, wie gut veganes Essen schmecken kann. Und finde heraus, wo du in deiner Nähe gut vegan einkaufen oder essen kannst.

Werde zu einem Quell der Inspiration, indem du deine Entscheidung mit Stolz vertrittst. Mit einer positiven Ausstrahlung kannst du andere nachdrücklich beeindrucken.

Unser Freund Steve Paton arbeitet bei The Truman Brewery in East London. Früher organisierte er Food Festivals (und auch mal Raves). 2015 sah er *Cowspiracy* und wollte danach keine Tierprodukte mehr essen. Was er über diesen Film erfuhr, hatte ihn zu sehr geschockt. Dass tierische Lebensmittel entscheidend zum Klimawandel beitragen, wusste er bis dahin nicht. Als es ihm jedoch klar wurde, gab es für ihn kein Zurück mehr.

Steve wollte die Welt zum Positiven verändern und etwas gegen den Klimawandel und gegen Tierleid unternehmen. Ihm wurde klar, wie unglaublich positiv die vegane Bewegung eingestellt ist und dass sie in London für die unterschiedlichsten Menschen ein Anziehungspunkt war. Diese Bewegung wollte er unterstützen und zugleich die Beteiligten fördern und einen.

Gemeinsam mit Rudi Khalastchi, Jorden Taylor, ihrem Team und der Unterstützung der Truman Brewery machte Steve die Vegan Nights zu dem, was sie heute sind: Londons größtes und bestes Festival für veganes Essen.

Beim ersten Mal war Platz für 500 Gäste. Es kamen mehr als 2 000, und sie standen einen Kilometer lang an. Da merkten die Organisatoren, wie wichtig das Thema den Menschen war. Seit September 2017 hat sich dieses Event zum größten Veganer-Treffen Europas gemausert, das acht Mal im Jahr 4 000 Menschen anzieht. Diese Leute stammen aus allen Ecken der Welt, es sind alle sexuellen Ausrichtungen, politischen Ansichten und Geschlechter vertreten. Es ist ein multikulturelles Ereignis voller Strahlkraft, bei dem auf kollaborative, nicht wertende Weise veganes Essen gefeiert wird. Trotz der Bezeichnung sind keineswegs alle Gäste dort vegan. Es sind die unterschiedlichsten Berufe und Ernährungsweisen vertreten, doch alle wollen gemeinsam feiern und den nächsten Schritt gehen.

Das ist eine Megaparty! Dutzende Straßenhändler tischen unzählige verlockende vegane Gerichte auf. Den ganzen Abend läuft Musik, mit DJs, Auftritten und Vorführungen. Wir lieben die Vegan Nights so sehr, dass wir unser Kochbuch **BISH BASH BOSH!** mit ihnen zusammen herausgebracht haben, samt Live-Kochshow und DJ vor Tausenden Zuschauern.

Viele entwickeln nach den ersten tastenden Schritten in die vegane Ernährung den glühenden Wunsch, ihr neues Wissen weiterzugeben.

Irgendwann wirst du andere bekochen wollen. Vielleicht willst du auch eine Firma gründen, um die Welt ein Stückchen besser zu machen. In einer Umfrage waren 87 Prozent der Befragten bereit, bei einer Firma zu kaufen, die sich für Dinge starkmacht, die ihnen wichtig sind.[118] Menschen kaufen bevorzugt dort, wo sie ihre Werte wiederfinden. Mit einem veganen Unternehmen hast du somit sofort viel Rückhalt.

Eine andere Freundin von uns, Ellie, konnte sich nicht damit abfinden, dass es so wenig veganen Käse gab. Also begann sie, selbst herumzuprobieren. Da sie ohnehin regelmäßig kochte (weil sie als Kindermädchen arbeitete), entwickelte sie mit der Zeit fantastischen veganen Käse. Die Aussicht, auf ihren geliebten Käse verzichten zu müssen, schreckt viele ab. Doch mit Ellies Rezepten entdeckten ihre Freunde einen Käse, der ihnen tatsächlich schmeckte. Eines ihrer Rezepte stellte Ellie auf unserem Kochkanal vor, und ihr unglaublich cremiger **CamemBOSH!** wurde seither millionenfach angeklickt. Inzwischen hat sie sich selbstständig gemacht und verkauft jetzt veganen Käseersatz über ihre Website Kinda Co. Ellie hat ihr ganzes Umfeld inspiriert, und wenn du tierische Produkte streichst, kannst du das auch.

Unsere Mitbewohnerin EmJ hatte es als Visagistin satt, dass gute Make-up-Taschen immer aus Leder sind. Sie braucht hochwertige Taschen für ihre Arbeit, wollte aber nicht mehr die Nutzung tierischer Materialien fördern. Daraufhin entwarf sie mit ihrer Mutter in der heimischen Werkstatt eine eigene Kollektion. Heute verkauft EmJ Company Make-up-Taschen, Accessoires und vieles mehr. Führende Visagistinnen verstauen ihre Utensilien darin, und hinter der Bühne sind die Taschen allgegenwärtig.

Natürlich kann nicht jeder veganen Käseersatz oder eigene Taschen verkaufen, doch wir wollen dir Mut machen: Es ist der perfekte Zeitpunkt, auf dein Herz zu hören und etwas wirklich Nachhaltiges mit deinem Leben anzustellen. Glaub an deinen Traum und bau etwas auf, das die Welt ein wenig besser macht, den Klimawandel abschwächt und das Leid der Tiere lindert.

Unsere Erde erwärmt sich erschreckend schnell, was einen Anstieg der Meeresspiegel, mehr Konflikte und katastrophale Umweltschäden nach sich ziehen und den Lebensraum für Tier und Mensch weltweit beeinträchtigen wird. Das Wichtigste, was wir alle tun können, ist, einen Beitrag zu leisten, um diese Entwicklung hinauszuzögern oder wieder umzukehren. Und das geht über die Ernährung. Der Schritt zu mehr veganen Mahlzeiten (und wenn es anfangs nur ein paar pro Woche sind) verändert nicht nur deinen ökologischen Fußabdruck, sondern zeigt zugleich, wie sehr dir alles Leben auf unserer Erde am Herzen liegt.

Mit dieser Veränderung beeinflusst du nicht nur dich, sondern auch dein Umfeld. Du setzt etwas in Gang, was jeden erfasst, der mit dir in Kontakt kommt. Einem positiven Beispiel eifert man bereitwillig nach. Wenn du durch deine Nachfrage vegane Unternehmen unterstützt, gibt es bald mehr und mehr vegane Produkte, und dann können noch mehr Menschen vegan essen. So wird es einfacher und normaler. Gemeinsam können wir unser Land, unseren Kontinent und letztlich den Planeten so verändern, dass wir gesünder, nachhaltiger und moralischer leben. Aber anfangen muss jeder und jede bei sich selbst.

Veganismus wird immer unvollkommen bleiben. Es geht darum, Tieren keinen Schaden zuzufügen, aber das funktioniert nicht vollständig. Ob wir laufen, Auto fahren oder Gemüse anbauen, all das kann Tieren schaden. Deshalb definiert die Vegane Gesellschaft Veganismus als einen Lebensstil, der „so weit wie möglich und praktikabel alle Formen der Ausbeutung von Tieren und Grausamkeit gegen sie ausschließt." Das ist leichter, als man zunächst glaubt, und lässt Raum für Interpretation und persönliche Entscheidungen.

Die Erde ist darauf angewiesen, dass du deinen Weg findest.

99

Der beste Zeit-
punkt, einen
Baum zu
pflanzen? Vor
20 Jahren.
Der zweitbeste?
Heute.

66

ALTES CHINESISCHES SPRICHWORT

SCHLUSSWORT VON HENRY

In den vier Jahren, seit ich vegan lebe, hat sich mein Leben von Grund auf verändert. Mit 35 bin ich fitter denn je. Ich bin auch glücklicher, weil ich etwas tue, was mich begeistert. Vor allem aber wache ich jeden Tag auf und weiß, dass ich etwas Sinnvolles mache. Pflanzliche Ernährung zu propagieren hat mich zu einem besseren, erfüllteren, mutigeren Menschen gemacht. Interessanterweise beobachte ich das bei fast allen, die vegan werden. Sie holen das Beste aus sich heraus und leben mehr im Einklang mit ihren Werten.

Die eigene Ernährung umzustellen ist der größte Beitrag, den wir der Zerstörung des Planeten entgegensetzen können, und wenn wir alle diesen Weg einschlagen, werden sich schon bald erhebliche Veränderungen abzeichnen. Sei selbst die Veränderung, die du dir für diese Welt wünschst. Kämpfe für das, was du liebst. Versuche, vegan zu essen. Und vielleicht stellst du dann fest, dass es die beste Entscheidung deines Lebens war, für deine Gesundheit, die Erde und uns alle.

„Das ist das wahre Geheimnis des Lebens – sich rückhaltlos auf das einzulassen, was du Im Hier und Jetzt tust. Und das nicht als Arbeit zu bezeichnen, sondern als Spiel zu erkennen."
– Alan Watts, *The Essence of Alan Watts*

SCHLUSSWORT VON IAN

Vegan zu werden war die beste Idee meines Lebens. Es ist die wichtigste Entscheidung, die ich je getroffen habe und je treffen werde. Ich war schon immer begeisterungsfähig, neugierig und loyal, aber als Veganer kann ich begeistert etwas bewegen, neugierig bleiben und mich als loyaler erweisen denn je. Ein solches Leben hätte ich nie für möglich gehalten. Ich bin dadurch selbstloser, liebevoller und großzügiger geworden, und dadurch konnte ich insgesamt wachsen.

Dreimal am Tag, morgens, mittags und abends, kann ich meine Werte in die Tat umsetzen, und das tut mir richtig gut. Veganismus hat mir Ziele gesetzt und darüber meinem Leben einen neuen Sinn verliehen.

Ich möchte mich mein Leben lang dafür einsetzen, so gut ich kann, weil ich fest davon überzeugt bin, dass Veganismus unsere beste Waffe gegen den Klimawandel ist.

HÄUFIGE FRAGEN

Lege dir ein paar gut durchdachte Antworten für die häufigsten Fragen zurecht. Dann bist du besser vorbereitet, wenn man dich in eine Diskussion über Veganismus verwickeln will. Die folgenden Fragen hören wir besonders oft, und wir beantworten sie in der Regel immer gleich:

Was hältst du davon, bei nicht-veganen Firmen etwas zu kaufen?
Dass viele bekannte Unternehmen und Markenhersteller inzwischen auch vegane Produkte anbieten, ist zwar super, aber für Veganer auch ein bisschen kompliziert. Einerseits fließt das Geld dann an eine Firma, die nach wie vor mit der Nutzung tierischer Produkte Geld verdient. Andererseits wird eine erhöhte Nachfrage nach veganen Produkten auch bei traditionell nicht-veganen Lieferanten spürbar, vegane Produkte werden normaler, und das ermuntert weitere Unternehmen zu vegan-tauglichen Entscheidungen.

Ich habe Eckzähne und kann Fleisch verdauen. Bin ich dann nicht von Natur aus Fleischesser?
Unsere Vorfahren haben tatsächlich Fleisch verzehrt, aber nicht in den Mengen, wie wir es heute tun. Und sie haben die Umwelt lange nicht so beeinträchtigt wie wir mit unseren aktuellen landwirtschaftlichen Methoden. Außerdem hatten sie kaum eine Wahl. Heute hingegen ist es kein Problem, sich ausgewogen und nährstoffreich zu ernähren, ohne Tiere zu töten oder zu quälen. Wir können jetzt frei entscheiden.

Was ist mit meinen Kindern?

Das ist eine wichtige Frage, die viele Eltern umtreibt. Die Vegane Gesellschaft hält gutes Informationsmaterial für eine gesunde Schwangerschaft und Kinderernährung bereit. Vegane Eltern fragen sich zudem regelmäßig, ob es akzeptabel ist, den eigenen Kindern diese Meinung überzustülpen, ehe sie eigene informierte Entscheidungen treffen können. Diese Sichtweise können wir absolut verstehen und auch akzeptieren. In jedem Fall sollte man jedoch auf eine angemessene Versorgung mit Vitamin B_{12}, Eisen, Kalzium und Jod achten. Wenn du Kinder vegan ernähren willst, solltest du unbedingt entsprechend angereicherte Pflanzendrinks und Müslis wählen und viel Nüsse, Samen, Vollkorn und grünes Blattgemüse zubereiten. Bitte besprich die Frage der Ernährung unbedingt mit deinem Kinderarzt, der vielleicht eine tägliche Gabe Vitamine verordnet. Säuglingsnahrung enthält teilweise tierische Bestandteile – informiere dich gründlich und lass dich kinderärztlich beraten.

Man kann sowieso nie zu 100 Prozent vegan leben, also bringt es doch nichts.

Stimmt. Niemand kann zu 100 Prozent vegan leben. Irgendwann rutscht dir etwas durch, ob ein bisschen Milchpulver in den Chips, der Kleber, der deinen Laptop zusammenhält oder die falsche Biersorte.

Zudem finden sich in den Produktionsprozessen wahrscheinlich regelmäßig irgendwo Punkte, die sich nachteilig auf Tiere auswirken. Ob das Gas, mit dem du kochst, dein Autositz oder das Schwimmbad; irgendwas ist immer. Hinzu kommt das Argument, dass die Erde, in der unsere pflanzlichen Lebensmittel wachsen, unweigerlich Nährstoffe aus toten Pflanzen und den Ausscheidungen und Überresten von Tieren enthält. Mach dich bitte nicht verrückt! Ein absolut veganes Leben ist nicht möglich, aber deine Entscheidungen am Esstisch und beim Einkaufen tun dir selbst, der Erde und allen lebenden Tieren gut.

Warum isst du keine Milchprodukte? Vegetarisch zu leben müsste doch reichen.
Viele Leute sind der Meinung, dass Milch und Käse (ebenso wie Honig) etwas anderes sind, weil man nicht das Tier selbst isst. Doch auch für diese Lebensmittel müssen Tiere leiden, und die Produkte sind nicht sonderlich nachhaltig. Selbst die umweltschädlichste pflanzliche Nahrung ist deutlich nachhaltiger als das umweltfreundlichste tierische Produkt.[119] Deshalb gibt es für uns auch keine Eier, Milchprodukte oder Honig.

Reicht Maßhalten nicht aus? Was ist, wenn meine Mutter mir einen nicht-veganen Tee anbietet? Soll ich den etwa weggießen?
Maßhalten ist eine sehr vernünftige Grundeinstellung. Es geht im Leben immer um ein gutes Gleichgewicht. Aber manchmal hilft eine klare Linie, und für uns ist der Schaden, den die Tierhaltung anrichtet, derart inakzeptabel, dass wir einen nicht-veganen Tee niemals trinken würden. Wir verstehen jedoch, dass viele andere lieber Kompromisse machen, und wenn sie ihren Fleisch- und Milchkonsum zurückfahren, erkennen wir jeden Schritt erfreut an. Und natürlich versorgen wir euch alle weiter mit Rezepten!

Fleisch liefert Proteine, und Pflanzen enthalten für mein Training einfach nicht genug Eiweiß.

Das hören wir regelmäßig, dabei ist eine ausreichende Proteinversorgung gar kein Problem. Es gibt so viele leicht zugängliche pflanzliche Proteinquellen. Die besten führen wir auf Seite 142 auf. Wenn du immer noch zweifelst, ist der Strongman Patrik Baboumian, Weltrekordhalter aus Deutschland, ein leuchtendes Vorbild. Sein Spitzname ist Popeye, und er lebt komplett vegan. Um dir selbst einen Überblick zu verschaffen, kannst du mit einer Online-App alles aufzeichnen, was du isst.

Ohne Fleisch fehlen dir wichtige Nährstoffe.

Das ist ein verbreiteter Irrglaube. Tatsächlich liefert Fleisch eine geballte Portion Nährstoffe und Vitamine sowie alle nötigen Proteine. Aber fast alle diese Nährstoffe und Vitamine liegen auch in Pflanzen vor. Die einzigen Ausnahmen sind die Vitamine D (das wir über die Haut selbst erzeugen können) und B_{12} (das Pflanzendrinks zugesetzt wird).

Man kann mit veganer Ernährung rundum gesund sein, wie viele Spitzensportler mit herausragenden Leistungen beweisen. Pflanzliche Ernährung hat noch viele andere gesundheitliche Vorteile zu bieten, wie du bald merken wirst. Und du kannst immer sicher sein, nachhaltiger und fairer zu leben als mit Fleischkonsum.

Vegan zu leben ist ein Privileg, das sich nicht jeder leisten kann.

Gesunde Ernährung ist durchaus ein Privileg, denn sie erfordert Zeit und Geld. Aber das gilt auch, wenn man Fleisch verzehrt. Gemüse ist normalerweise billiger als Fleisch, besonders wenn man Fleisch aus artgerechter Tierhaltung möchte. Und wer seinen Nährstoffbedarf mit preiswerten, fleischlastigen Fertigmahlzeiten decken will, wäre besser beraten, sein Geld für frisches Gemüse vom Markt auszugeben.

Was passiert, wenn ich aus Versehen etwas esse, wo tierische Anteile drin sind?

Mach dir keine Gedanken! Für gelegentliche Ausrutscher wirst du in deinem veganen Umfeld nicht geächtet. Jedes Bemühen um ein pflanzenbetontes Leben hat einen positiven Einfluss auf dich und die Erde, also sei bitte nachsichtig mit dir, denn du tust dir und künftigen Generationen ohnehin schon einen Riesengefallen.

Vegane Ernährung ist eine Modeerscheinung. Jetzt ist das Trend, aber bald kommt wieder etwas anderes.

Einspruch. Für uns ist Veganismus eher eine Bewegung und ein Verhaltenswandel. Dass Rauchen inzwischen verpönt ist, wird sich sicher nicht mehr ändern, denn auch dabei ging es um harte Fakten. Die Hinwendung zu veganer Ernährung beruht auf ähnlich stichhaltigen Überlegungen zu den Vorteilen für die Umwelt, für unsere Gesundheit und das Tierwohl. Irgendwann werden vegane Entscheidungen ganz normal sein, dann wird sich die Mehrheit dafür entscheiden und so weiter ...

Veganismus löst doch nicht über Nacht alle Probleme unserer Welt. Das hilft nicht gegen den Hunger und auch nicht gegen den Klimawandel.

Stimmt, man kann damit nicht über Nacht alle Probleme unserer Welt lösen. Die Welt ist sehr groß, und alle Menschen zu ernähren ist wirklich ein komplexes Thema. Es geht dabei unter anderem um einen gesunden Boden, regionale Versorgung und viele andere Punkte. Dennoch ist Veganismus ein Schritt in die richtige Richtung. Pflanzliche Lebensmittel sind so viel nachhaltiger als tierische Produkte, und der Wechsel zu veganer Ernährung kann unseren ökologischen Fußabdruck stark reduzieren.

Ich habe ein Foto von Ian mit einem Ledergürtel gesehen und gelesen, dass er früher eine Lederjacke hatte. Also ist er ein Heuchler!

Auch wir sind längst nicht perfekt. Es hat seine Zeit gedauert, bis wir an dem Punkt waren, wo wir heute stehen. Inzwischen kaufen wir keine tierischen Produkte mehr, aber wir sind nie 100 Prozent sicher, denn das ist unmöglich. Die Entscheidungen von einst haben uns zu den Menschen gemacht, die wir heute sind. Es war ein langer Weg, aber auch wir lernen immer noch dazu.

MEHR ERFAHREN

Filme

1. Cowspiracy – Das Geheimnis der Nachhaltigkeit (2014)
2. Climate Change - The Facts (2019)
3. Earthlings (2005)
4. What the Health (2017)
5. The Most Important Speech You Will Ever Hear – Gary Yourofsky (YouTube)
6. Carnage (2017)
7. Okja (2017)
8. Food, Inc. – Was essen wir wirklich? (2008)
9. Gabel statt Skalpell (2011)
10. Unity (2015)

Bücher

1. Die unbewohnbare Erde: Leben nach der Erderwärmung – David Wallace-Wells
2. China Study: Die wissenschaftliche Begründung für eine vegane Ernährungsweise – T. Colin Campbell, Thomas M. Campbell
3. Tiere essen – Jonathan Safran Foer
4. How Not to Die. Entdecken Sie Nahrungsmittel, die Ihr Leben verlängern – und bewiesenermaßen Krankheiten vorbeugen und heilen – Dr. Michael Greger mit Gene Stone
5. How to Create a Vegan World – Tobias Leenaert

6. Szenen aus dem Herzen: Unser Leben für das Klima – Greta Thunberg, Svante Thunberg, Melena Ernman, Beata Ernman
7. 30 Non-Vegan Excuses & How to Respond to Them (e-book) – Earthling Ed
8. Warum wir Hunde lieben, Schweine essen und Kühe anziehen: Karnismus – eine Einführung – Melanie Joy
9. The Reducetarian Solution – Brian Kateman
10. Farmageddon – Philip Lymber

Online-Ressourcen

1. www.vegansociety.com
2. www.peta.org
3. Plant Based News – Instagram
4. BOSH! – alle Kanäle in den sozialen Medien
5. veganuary.com
6. vegnews.com
7. www.vegan.com
8. www.livekindly.com
9. www.veganfoodandliving.com
10. Joe Rogan Podcast #1259 Im Gespräch mit David Wallace-Wells

Unsere Lieblingskochbücher

1. BOSH! Einfach, aufregend, vegan und unser zweites Buch BISH BASH BOSH!

2. Anna Jones:
A Modern Way to Cook: Über 150 schnelle vegetarische und vegane Rezepte für jeden Tag
A Modern Way to Eat: Über 200 vegetarische und vegane Rezepte für jeden Tag
The Modern Cook's Year: Über 250 vegetarische und vegane Rezepte für alle Jahreszeiten
(Für viele vegetarische Rezepte sind vegane Varianten angegeben.)
3. The Wicked Healthy Cookbook – Chad and Derek Sarno
4. Vegan 100: Über 100 unglaublich leckere Rezepte von Avant-Garde Vegan – Gaz Oakley
5. Vegan One Pound Meals – Miguel Barclay
6. Feed Me Vegan – Lucy Watson
7. What Vegans Eat – Brett Cobley
8. Veganomicon – Isa Moskowitz und Terry Romero
9. Thug Kitchen
10. Vegan mit 5 Zutaten: Über 100 schnelle und einfache Rezepte - Roxy Pope and Ben Pook

Empfehlenswerte Video-Kanäle und Websites zu veganer Ernährung

1. BOSH.TV – Na klar!
2. Hot For Food
Lauren Toyota ist supersympathisch und erfindet köstliche Gerichte, die allen schmecken.

3. Avant-Garde Vegan
Die YouTube-Videos von Gaz mit all den Pflanzen, dem frischen Essen und seinem gestylten Bart sind eine Augenweide.
4. The Happy Pear
Die Jungs von Greystones strotzen vor Lebensfreude, bringen gesunde Rezepte und erklären genau, wie es geht.
5. Veganuary
6. Forks Over Knives
Hier gibt es unglaublich gesunde, vollwertige, rein pflanzliche Rezepte, die höchst appetitlich aussehen.
7. The Minimalist Baker
Ein höchst inspirierendes Blog mit einfachen Backvorschlägen ganz ohne Milchprodukte.
8. Vegan Richa
Auf der Suche nach authentischen Currys wird man bei den würzigen Vorschlägen von Vegan Richa immer fündig.
9. Deliciously Ella
Ella zählt zu den Vorreiterinnen für delikate Gemüsegerichte. Bei ihr sind Pflanzen nicht bloß gesund, sondern richtig cool.
10. Jamie Oliver
Der Großmeister erfindet ebenfalls immer mehr schmackhafte pflanzliche Rezepte.

DANKE!

Henry

Ich danke meiner Familie, meinen Freunden und allen, die auf WhatsApp absurd lange Antwortzeiten hingenommen haben. Die Arbeit an diesem Buch war eine Mammutaufgabe. Danke, Ian, für deine Freundschaft, deine magischen Kochkünste, und dass du die Stellung gehalten hast, während ich mich zum Schreiben verkrochen habe. Danke EmJ, dass du dein eigenes umwälzendes Unternehmen hintenangestellt hast, um mit uns an einem Teil dieses wichtigen Buchs zu arbeiten.

Ian

Ich danke meiner Familie, meinen Freunden und meinem Umfeld. Danke, dass ihr unseren Wahnsinn ertragt und mir die Freiheit zugesteht, mein selbstgewähltes Leben zu führen. Danke, Henry, für deine Umtriebigkeit, deine Kreativität und dass du dich aus dem Alltag zurückgezogen hast, um dich ganz auf dieses Buch zu konzentrieren. Cathy und Charly, danke, dass ihr uns helft, wunderbare Speisen in die Welt zu tragen.

Von uns beiden

Wir danken allen, die uns folgen und unsere Rezepte nachkochen, und allen, mit denen wir tagtäglich arbeiten. Danke, Lisa und all den Superstars bei HarperCollins, Bev und Sarah von Bev James Management, Megan, Sarah und dem ganzen Team bei Carver PR, Cassie und allen bei William Morrow, Dr Alan Desmond, Dawn Carr und Clare Gray fürs Lesen und allen anderen, die uns auf dieser Reise unterstützen. Lasst uns alle mehr Pflanzen essen!

QUELLENANGABEN

1 Ipsos Mori-Umfrage im Auftrag von The Vegan Society, 2018, und The Food & You-Umfragen, organisiert durch die Food Standards Agency (FSA) und das National Centre for Social Science Research (Natcen)

2 Chiorando, M. (24. Jan. 2019). 93 % of the people buying vegan beyond meat products are also buying meat says report. Online verfügbar auf: https://www.plantbasednews.org/post/93-people-buying-vegan-beyond-meat-products-buying-meat

3 Zahlen für Deutschland 2015 bis 2019 zitiert nach: https://de.statista.com/statistik/daten/studie/445155/umfrage/umfrage-in-deutschland-zur-anzahl-der-veganer/

4 Carrington, D. (10. Juli 2017). Earth's sixth mass extinction event under way, scientists warn. Online verfügbar auf: https://theguardian.com/environment/2017/jul/10/earths-sixth-mass-extinction-event-already-underway-scientists-warn

5 Carrington, D. (30. Sep. 2014). Earth has lost half of its wildlife in the past 40 years, says WWF. Online verfügbar auf: https://www.theguardian.com/environment/2014/sep/29/earth-lost-50-wildlife-in-40-years-wwf

6 Carrington, D. (21. Mai 2018). Humans just 0.01 % of all life but have destroyed 83 % of wild mammals – study. Online verfügbar auf: https://www.theguardian.com/environment/2018/may/21/human-race-just-001-of-all-life-but-has-destroyed-over-80-of-wild-mammals-study

7 Carrington, D. (30. Sep. 2014). Earth has lost half of its wildlife in the past 40 years, says WWF. Online verfügbar auf: https://www.theguardian.com/environment/2014/sep/29/earth-lost-50-wildlife-in-40-years-wwf

8 GSA Today (Dezember 2012). Land transformation by humans: A review. Online verfügbar auf: https://www.geosociety.org/gsatoday/archive/22/12/article/i1052-5173-22-12-4.htm

9 Bland, A. (1. Aug. 2012). Is the livestock industry destroying the planet? Online verfügbar auf: https://www.smithsonianmag.com/travel/is-the-livestock-industry-destroying-theplanet-11308007/

10 Roberts, D. (19. Jan. 2018). Diese Grafik erklärt, warum zwei Grad globale Erwärmung deutlich schlimmer wären als 1,5 Grad. Online verfügbar auf: https://www.vox.com/energy-and-environment/2018/1/19/16908402/global-warming-2-degrees-climate-change

11 Illing, S. (24. Feb. 2019). Es ist an der Zeit, über den Klimawandel in Panik zu geraten. Online verfügbar auf: https://www.vox.com/energy-and-environent/2019/2/22/18188562/climate-change-david-wallace-wells-the-uninhabitable-earth

12 France24 (13. Okt. 2018). Climate-related disasters increasing as temperatures rise, NGOs warn. Online verfügbar auf: https://www.france24.com/en/20181013-warn-more-climate-disasters-store-planet-warms-temperature

13 NASA. Global climate change: Vital signs of the planet. Online verfügbar auf: https://climate.nasa.gov/

14 Hsiang, S. M., Burke, M., and Miguel, E. (2013). Quantifying the influence of climate on human conflict. Science, 341(6151), 1235367. Online verfügbar auf: https://science.sciencemag.org/content/341/6151/1235367

15 Union of Concerned Scientists. Causes of drought: What's the climate connection? Online verfügbar auf: https://www.ucsusa.org/global-warming/science-and-impacts/impacts/causes-of-drought-climate-change-connection.html

16 Parker, L. (12. Juli 2017). Sea level rise will flood hundreds of cities in the near future. Online verfügbar auf: https://news.nationalgeographic.com/2017/07/sea-level-rise-flood-global-warming-science/

17 The World Bank (19. März 2018). Groundswell: Preparing for internal climate

migration [Infografik]. Online verfügbar auf: https://www.worldbank.org/en/news/infographic/2018/03/19/groundswell---preparing-for-internal-climate-migration

18 Phys.org (30. Mai 2018). Climate change hits poorest hardest, new research shows. Online verfügbar auf: https://phys.org/news/2018-05-climate-poorest-hardest.html

19 Wikipedia. Environmental migrant. Online verfügbar auf: https://en.wikipedia.org/wiki/Environmental_migrant

20 World Food Programme (15. Sep. 2017). World hunger again on the rise, driven by conflict and climate change, new UN report says. Online verfügbar auf: https://www.wfp.org/news/world-hunger-again-rise-driven-conflict-and-climate-change-new-un-report-says

21 Illing, S. (24. Feb. 2019). It is absolutely time to panic about climate change. Online verfügbar auf: https://www.vox.com/energy-and-environment/2019/2/22/18188562/climate-change-david-wallace-wells-the-uninhabitable-earth

22 Revkin, A. (Juli 2018). Climate change first became news 30 years ago. Why haven't we fixed it? Online verfügbar auf: https://www.nationalgeographic.com/magazine/2018/07/embark-essay-climate-change-pollution-revkin/

23 Turrentine, J. (12. Okt. 2018). Climate scientists to world: We have only 20 years before there's no turning back. Online verfügbar auf: https://www.nrdc.org/onearth/climate-scientists-world-we-have-only-20-years-theres-no-turning-back

24 Carrington, D. (26 Apr. 2019). 'Outrage is justified': David Attenborough backs school climate strikers. Online verfügbar auf: https://www.theguardian.com/environment/2019/apr/26/david-attenborough-backs-school-climate-strikes-outrage-greta-thunberg

25 Waterman, C. (22. Apr. 2019). The High Cost of Cheap Meat. Online verfügbar auf: https://fairworldproject.org/the-high-cost-of-cheap-meat/

26 Davies, M., Wasley, A., (17. Juli 2017). Intensive Farming in the UK, by Numbers. Online verfügbar auf: https://www.thebureauinvestigates.com/stories/2017-07-17/intensive-numbers-of-intensive-farming

27 Human Research Council (Dez. 2014). Study of current and former vegetarians and vegans. Online verfügbar auf: https://faunalytics.org/wp-content/uploads/2015/06/Faunalytics_Current-Former-Vegetarians_Full-Report.pdf

28 Turner-McGrievy, G. M., Barnard, N. D., and Scialli, A. R. (2007). A two-year randomized weight loss trial comparing a vegan diet to a more moderate low-fat diet. Obesity, 15(9), 2276-2281. Online verfügbar auf: https://www.ncbi.nlm.nih.gov/pubmed/17890496

29 Tonstad, S. Butler, T. Yan, R., and Fraser, G. E. (2009). Type of vegetarian diet, body weight, and prevalence of type 2 diabetes. Diabetes Care, 32(5), 791-796. Online verfügbar auf: https://www.ncbi.nlm.nih.gov/pubmed/1935171230 Diabetes UK. Vegetarian diets and diabetes. Online verfügbar auf: https://www.diabetes.org.uk/guide-to-diabetes/enjoy-food/eating-with-diabetes/vegetarian-diets

31 Kahieova H., Levin, S., Barnard, N. (Juni 2018). Vegetarian Dietary Patterns and Cardiovascuiar Disease. Online verfügbar auf: https://www.sciencedirect.com/science/article/abs/pii/S0033062018300872

32 Nuccitelli, D. (15. Okt. 2018). There's one key takeaway from last week's IPCC report. Online verfügbar auf: https://www.theguardian.com/environment/climate-consensus-97-per-cent/2018/oct/15/theres-one-key-takeaway-from-last-weeks-ipcc-report

33 Khan, A. (3. Nov. 2016). How much Arctic sea ice are you melting? Scientists have an answer. Online verfügbar auf: https://www.latimes.com/science/sciencenow/la-sci-sn-co2-sea-ice-20161103-story.html

34 Petter, O. (1. Juni 2018). Veganism is 'single biggest way' to reduce our environmental impact on planet, study finds. Online verfügbar

auf: *https://www.independent.co.uk/life-style/ health-and-families/veganism-environmental-impact-planetreduced-plant-based-diet-humansstudy-a8378631.html*

35 Hill, T. (3. Mai 2019). Dropping red meat from one meal a week could slash emissions eight per cent, study shows. Online verfügbar auf: *https://www.businessgreen.com/bg/news-analysis/3074895/drop-red-meat-from-one-meal-per-week-to-slash-emissions-by-8-per-cent-study-says*

36 The Humane Society of the United States. Meatless Mondays Toolkit for Parents. Online verfügbar auf: *https://www.humanesociety.org/ sites/default/files/docs/meatless-mondays-toolkit-parents.pdf*

37 Oppenlander, R. (20. Aug. 2013). Animal agriculture, hunger, and how to feed a growing global population: Part one of two. Online verfügbar auf: *https://www.forksoverknives. com/animal-agriculture-hunger-and-how-to-feed-a-growing-global-population-part-one-of-two*

38 Million Dollar Vegan. World hunger. Online verfügbar auf: *https://www.milliondollarvegan. com/en-au/why/world-hunger/*

39 Carrington, D. (31. Mai 2018). Avoiding meat and dairy is 'single biggest way' to reduce your impact on Earth. Online verfügbar auf: *https:// www.theguardian.com/environment/2018/ may/31/avoiding-meat-and-dairy-is-single-biggest-way-to-reduce-your-impact-on-earth*

40 University of Oxford (22. März 2016). Veggie-based diets could save 8 million lives by 2050 and cut global warming. Online verfügbar auf: *http://www.ox.ac.uk/news/2016-03-22-veggie-based-diets-could-save-8-million-lives-2050-and-cut-global-warming*

41 Scientific American. How does meat in the diet take an environmental toll? Online verfügbar auf: *https://www.scientificamerican. com/article/meat-and-environment/*

42 Poore, J., Nemeck, T., (1. Juni 2018). Reducing food's environmental impacts through producers and consumers. Online

verfügbar auf: *https://josephpoore.com/ Science%20360%206392%20987%20 -%20 Accepted%20Manuscript.pdf*

43 Whyte, C. (20. Sep. 2018). Milk alternatives: Which are good for both you and the planet? Online verfügbar auf: *https://www.newscientist. com/article/mg23931963-500-milk-alternatives-which-are-good-for-both-you-and-the-planet/*

44 Poore, J., and Nemecek, T. (2018). Reducing food's environmental impacts through producers and consumers. Science, 360(6392), 987-992. Online verfügbar auf: *https://science. sciencemag.org/content/360/6392/987*

45 Shepon, A., Eshel, G., Noor, E., and Milo, R. (2016). Energy and protein feed-to-food conversion efficiencies in the US and potential food security gains from dietary changes. Environmental Research Letters, 11(10), 105002 Online verfügbar auf: *https://iopscience.iop. org/article/10.1088/1748-9326/11/10/105002*

46 Mekonnen, M. M., and Hoekstra, A. Y. (2010). The green, blue and grey water footprint of farm animals and animal products (Vol. 1). UNESCO-IHE. Online verfügbar auf: *https://waterfootprint.org/media/ downloads/Mekonnen-Hoekstra-2011-WaterFootprintCrops.pdf*

47 Hoekstra, A. Y., and Mekonnen, M. M. (2012). The water footprint of humanity. Proceedings of the National Academy of Sciences, 109(9), 3232-3237. Online verfügbar auf: *https://www. ncbi.nlm.nih.gov/pubmed/22331890*

48 Million Dollar Vegan (10 Feb. 2019). The impact of meat and dairy on the planet-Dr Joseph Poore (Part 1) [video]. Online verfügbar auf: *https://www.youtube.com/ watch?v=qLkqkyTMLlw*

49 Ebd.

50 Monbiot, G. (3. Apr. 2019). The natural world can help save us from climate catastrophe. Online verfügbar auf: *https://www.theguardian. com/commentisfree/2019/apr/03/natural-world-climate-catastrophe-rewilding*

51 Viegas, J. (16. Sep. 2015). Half of all marine life lost in 40 years: WWF report. Online verfügbar auf: https://www.abc.net.au/news/science/2015-09-16/half-marine-life-lostin-40-years/6779912

52 Fujita, R. (11. Juli 2012). FAO reports 87% of the world's fisheries are overexploited or fully exploited [blog]. Online verfügbar auf: http://blogs.edf.org/edfish/2012/07/ll/fao-reports-87-of-the-worlds-fisheries-are-overexploited-or-fully-exploited/

53 Myers, R. A., and Worm, B. (2005). Extinction, survival or recovery of large predatory fishes. Philosophical Transactions of the Royal Society B: Biological Sciences, 360(1453), 13-20. Online verfügbar auf: https://www.ncbi.nlm.nih.gov/pmc/articles/PMC1636106/

54 CBS News (2. Nov. 2006). Salt-water fish extinction seen by 2048. Online verfügbar auf: https://www.cbsnews.com/news/salt-water-fish-extinction-seen-by-2048/

55 Viegas, J. (16. Sep. 2015). Half of all marine life lost in 40 years: WWF report. Online verfügbar auf: https://www.abc.net.au/news/science/2015-09-16/half-marine-life-lostin-40-years/6779912

56 Food and Agriculture Organization of the United Nations. Discards and bycatch in Shrimp trawl fisheries. Online verfügbar auf: http://www.fao.Org/3/W6602E/w6602E09.htm

57 Food and Agriculture Organization of the United Nations (13. Okt. 2009). How to feed the world in 2050. Online verfügbar auf: http://www.fao.org/fileadmin/templates/wsfs/docs/expert_paper/How_to_Feed_the_World_in_2050.pdf

58 Oppenlander, R. (26. Aug. 2013). Animal agriculture, hunger, and how to feed a growing global population: Part two of two. Online verfügbar auf: https://www.forksoverknives.com/animal-agriculture-hunger-and-how-to-feed-a-growing-global-population-part-two-of-two/

59 The Conversation (26. Apr. 2017). Five ways the meat on your plate is killing the planet.

Online verfügbar auf: http://theconversation.com/five-ways-the-meat-on-your-plate-is-killing-the-planet-76128

60 Million Dollar Vegan (10. Feb. 2019). The impact of meat and dairy on the planet-Dr Joseph Poore (Part 1) [video]. Online verfügbar auf: https://www.youtube.com/watch?v=qLkqkyTMLlw

61 Good, K. Explain like I'm 5: Why tofu consumption is not responsible for soy-related deforestation. Online verfügbar auf: https://www.onegreenplanet.org/environment/why-tofu-consumption-is-not-responsible-for-soy-related-deforestation/

62 Taylor, M. (18. Juli 2018). Is soy good or bad for you? Here's the science-backed answer. Online verfügbar auf: https://www.goodhousekeeping.com/health/dietnutrition/a20707020/is-soy-good-or-bad-for-you/

63 Global Forest Atlas. Soy Agriculture in the Amazon Basin. Online verfügbar auf: https://globalforestatlas.yale.edu/amazon/land-use/soy

64 COWSPIRACY. The facts. Online verfügbar auf: http://www.cowspiracy.com/facts

65 Good, K. Explain like I'm 5: Why tofu consumption is not responsible for soy-related deforestation. Online verfügbar auf: https://www.onegreenplanet.org/environment/why-tofu-consumption-is-not-responsible-for-soy-related-deforestation/

66 Khan Academy. The United Nations. Online verfügbar auf: https://www.khanacademy.org/humanities/us-history/rise-to-world-power/us-wwii/a/the-united-nations

67 Rich, N. (1. Aug. 2018). Losing Earth: The decade we almost stopped climate change. Online verfügbar auf: https://www.nytimes.com/interactive/2018/08/01/magazine/climate-change-losing-earth.html

68 Physicians Committee for Responsible Medicine. Lowering cholesterol with a plant-based diet. Online verfügbar auf: https://www.pcrm.org/good-nutrition/nutrition-information/lowering-cholesterol-with-a-plant-based-diet

69 Diabetes UK. Vegetarian diets and diabetes. Online verfügbar auf: https://www.diabetes.org.uk/guide-to-diabetes/enjoy-food/eating-with-diabetes/vegetarian-diets

70 University of Oxford (12. Okt. 2018). Balanced plant-based diets improve our health and the health of the planet. Online verfügbar auf: http://www.ox.ac.uk/news/2018-10-12-balanced-plant-based-diets-improve-our-health-and-health-planet

71 vegsource.com (16. Mai 2010). World Health Org and UN recommend populations eat plant-based diets. Online verfügbar auf: http://www.vegsource.com/news/2010/05/world-health-org-and-un-recommend-populations-eat-plant-based-diets.html

72 Tello, M. (29. Nov. 2018). Eat more plants, fewer animals [blog]. Online verfügbar auf: https:// www.health.harvard.edu/blog/eat-more-plants-fewer-animals-2018112915198

73 Harvard Health Publishing (1 Jan. 2018). The right plant-based diet for you. Online verfügbar auf: https://www.health.harvard.edu/staying-healthy/the-right-plant-based-diet-for-you

74 University of Oxford (12. Okt. 2018). Balanced plant-based diets improve our health and the health of the planet. Online verfügbar auf: http://www.ox.ac.uk/news/2018-10-12-balanced-plant-based-diets-improve-our-health-and-health-planet

75 Government of Canada (2. Apr. 2019). Canada's food guide. Online verfügbar auf: https://food-guide.canada.ca/en/

76 Physicians Committee for Responsible Medicine (3 Mar. 2016). Processed meat and fish increase risk for breast cancer. Online verfügbar auf: https://www.pcrm.org/news/health-nutrition/processed-meat-and-fish-increase-risk-breast-cancer

77 Press Association (12. März 2012). Eating red meat raises 'substantially' risk of cancer or heart disease death. Online verfügbar auf: https://www.theguardian.com/science/2012/mar/12/red-meat-death-heart-cancer

78 Tuso, P. Stoll, S. R., and Li, W. W. (2015). A plant-based diet, atherogenesis, and coronary artery disease prevention. The Permanente Journal, 19(1), 62. Online verfügbar auf: https://www.ncbi.nlm.nih.gov/pubmed/25431999

79 World Health Organization (Okt. 2015). Q&A on the carcinogenicity of the consumption of red meat and processed meat. Online verfügbar auf: https://www.who.int/features/qa/cancer-red-meat/en/

80 US Food & Drug Administration (31. März 2004). FDA/EPA 2004 Advice on what you need to know about mercury in fish and shellfish. Online verfügbar auf: https://www.fda.gov/food/metals/what-you-need-know-about-mercury-fish-and-shellfish

81 NHS Inform (9. Juli 2019). Food poisoning. Online verfügbar auf: https://www.nhsinform.scot/illnesses-and-conditions/infections-and-poisoning/food-poisoning

82 Viva! Health. Food poisoning. Online verfügbar auf: https://www.vivahealth.org.uk/resources/meat-truth/food-poisoning-online

83 Mosley, M. (21. Feb. 2018). The dirtiest place in your kitchen might surprise you ... Online verfügbar auf: https://www.bbc.co.uk/news/health-43131764

84 Poppick, S. (8. Okt. 2015). Here's how much money vegetarians save each year. Online verfügbar auf: http://money.com/money/4066188/vegetarians-save-money/

85 Annemans, L. (14. Feb. 2018). Plant-based eating is cost-effective. Online verfügbar auf: http://www.alprofoundation.org/news-events/plant-based-eating-is-cost-effective/

86 Robson, D. (18. Jan. 2019). A high-carb diet may explain why Okinawans live so long. Online verfügbar auf: http://www.bbc.com/future/story/20190116-a-high-carb-diet-may-explain-why-okinawans-live-so-long

87 Sobiecki, J. G., Appleby, P. N., Bradbury, K. E., and Key, T. J. (2016). High compliance with dietary recommendations in a cohort of meat eaters, fish eaters, vegetarians, and

vegans: results from the European Prospective Investigation into Cancer and Nutrition-Oxford study. Nutrition Research, 36(5), 464-477. doi:10.1016/j.nutres.2015.12.016

88 American Dietetic Association. Position of the American Dietetic Association: Vegetarian Diets. Journal of the Academy of Nutrition and Dietetics, 2009; 109 (7):1266-1282; doi: 10.1016/j.jada.2009.05.027

89 The Association of UK Dieticians. (7. Aug. 2017). British Dietetic Association confirms well-planned vegan diets can support healthy living in people of all ages. Online verfügbar auf: https://www.bda.uk.com/news/view?id=179

90 Tucker, K. L., Rich, S., Rosenberg, I., Jacques, P., Dallal, G., Wilson, P. W., and Selhub, J. (2000). Plasma vitamin B-12 concentrations relate to intake source in the Framingham Offspring study. The American Journal of Clinical Nutrition, 71(2), 514-522. Online verfügbar auf: https://www.ncbi.nlm.nih.gov/pubmed/10648266

91 Craig, W. J. (2009). Health effects of vegan diets. The American Journal of Clinical Nutrition, 89(5), 1627S-1633S. Online verfügbar auf: https://academic.oup.com/ajcn/article/89/5/1627S/4596952

92 Matthews-King, A. (4. Apr. 2019). Western diet now killing more than smoking and high blood pressure, study suggests. Online verfügbar auf: https://www.independent.co.uk/news/health/western-diet-fat-salt-fruit-veg-fibre-cancer-heart-disease-obesity-diabetes-a8853696.html

93 Downer, M. K., Martinez-Gonzalez, M. A., Gea, A., Stampfer, M., Warnberg, J., Ruiz-Canela, M., ... and Estruch, R. (2017). Mercury exposure and risk of cardiovascular disease: a nested case-control study in the PREDIMED (PREvention with MEDiterranean Diet) study. BMC Cardiovascular Disorders, 17(1), 9. Online verfügbar auf: https://www.ncbi.nlm.nih.gov/pmc/articles/PMC5216562/

94 Smithers, R. (1. Nov. 2018). Third of Britons have stopped or reduced eating meat-report. Online verfügbar auf: https://www.theguardian.com/business/2018/nov/01/third-of-britons-have-stopped-or-reduced-meat-eating-vegan-vegetarian-report

95 Chiorando, M. (27. März 2019). '93 % of flexitarians won't go vegan within 12 months' says YouGov report. Online verfügbar auf: https://www.plantbasednews.org/post/most-flexitarians-wont-go-vegan-12-months

96 Forgrieve, J. (2. Nov. 2018). The growing acceptance of veganism. Entnommen aus: https://www.forbes.com/sites/janetforgrieve/2018/11/02/picturing-a-kindler-gentler-world-vegan-month/

97 Wohl, J. (1. Apr. 2019). How the rise of 'flexitarians' is powering plant-based foods. Online verfügbar auf: https://adage.com/article/cmo-strategy/power-plant-based-food/317167

98 Terazano, E. (23. Dez. 2018). Oat milk sales surge as more consumers go dairy-free. Online verfügbar auf: https://www.ft.com/content/4824217e-0527-11e9-99df-6183d3002ee1

99 Murphy, M. (5. Mai 2019). Beyond Meat soars 163 % in biggest-popping U.S. IPO since 2000. Online verfügbar auf: https://www.marketwatch.com/story/beyond-meat-soars-163-in-biggest-popping-us-ipo-since-2000-2019-05-02

100 Shashwat, A., Muvija, M. (14. Mai 2019). Vegan sausage rolls rake in the dough for Greggs, shares hit record. Online verfügbar auf: https://de.reuters.com/article/uk-greggs-outlook/vegan-sausage-rolls-rake-in-the-dough-for-greggs-shares-hit-record-idUKKCN1SK0OD

101 Ashworth, W. (4. Okt. 2018). 7 stocks to buy to ride the vegan wave. Online verfügbar auf: https://investorplace.com/2018/10/7-stocks-to-buy-to-ride-the-vegan-wave/

102 Veg FAQs (28. Mai 2019). Best vegan companies to invest in: public and private stock

options. Online verfügbar auf: *https://vegfaqs. com/vegan-companies-to-invest-in/*

103 Chiorando, M. (9. Okt 2018). 'Avocados And Butternut Squash Are Not Vegan' Claims BBC Show QI. Online verfügbar auf: *https:// www.plantbasednews.org/culture/avocados-butternut-squash-not-vegan-bbc-qi*

104 Winch, S. Hot topic: Is palm oil vegan [Blog]. Online verfügbar auf: *https://veganuary. com/blog/hot-topic-is-palm-oil-vegan/*

105 Veganuary. Vegan label reading guide. Online verfügbar auf: *https://veganuary.com/ starter-kit/vegan-label-reading-guide/.*

106 Veganuary. Vegan label reading guide: E numbers. Online verfügbar auf: *https:// veganuary.com/starter-kit/vegan-label-reading-guide/e-numbers/*

107 Eat By Date. How long do beans last? Online verfügbar auf: *https://www.eatbydate. com/proteins/beans-peas/beans-shelf-life-expiration-date/*

108 Guibourg, C. and Briggs, H. (22. Feb. 2019). Climate change: Which vegan milk is best? Online verfügbar auf: *https://www.bbc.co.uk/ news/science-environment-46654042*

109 Ebd.

110 McDougall, A. (20. Aug. 2018). How can beauty companies make the most of veganism's rising popularity? Online verfügbar auf: *https:// www.mintel.com/blog/beauty-market-news/ how-can-beauty-companies-make-the-most-of-veganisms-rising-popularity*

111 The Tasty Vegan. Non-vegan makeup ingredients. Online verfügbar auf: *http://www. thetastyvegan.com/vegan-shopping/vegan-cosmetics-and-toiletries/vegan-makeup/non-vegan-makeup-ingredients/*

112 Peters, J. (29. Juni 2019). 'Is there such a thing as vegan loo roll?': How to have a cruelty-tree home. Online verfügbar auf: *https://www. theguardian.com/lifeandstyle/2019/jun/29/is-there-such-a-thing-as-vegan-loo-roll-how-to-have-a-cruelty-free-home*

113 Ebd., für Deutschland: *https://www. polarstern-energie.de/magazin/artikel/vegane-energie-strom-gas/*

114 Galliers, L. (19. Okt. 2011). Where will your coffee cup end up? Not in the recycling. Online verfügbar auf: *https://conversation. which.co.uk/fooddrink/recycling-disposable-coffee-cups-starbucks/*; Vergleichszahlen des Umweltbundesamts laut Pressemitteilung 12/2019 (21. Mai 2019). *Mehrweg statt Einweg für Kaffee & Co.* Online verfügbar auf: *https://www.umweltbundesamt.de/presse/ pressemitteilungen/mehrweg-statt-einweg-fuer-kaffee-co*

115 Parliament UK (22. Dez. 2017). Coffee cup waste in the UK. Online verfügbar auf: *https:// publications.parliament.uk/pa/cm201719/ cmselect/cmenvaud/657/65705.htm footnote-078-backlink*

116 Loria, J. (29. Juni 2018). Straws aren't the real problem. Fishing nets account for 46 percent of all ocean plastic. Online verfügbar auf: *https://mercyforanimals.org/straws-arent-the-real-problem-fishing-nets*

117 Parker, L. (22. März 2018). The Great Pacific Garbage Patch isn't what you think it is. Online verfügbar auf: *https://news.nationalgeographic. com/2018/03/great-pacific-garbage-patch-plastics-environment/*

118 Elsey, W. (30. Mai 2018). Why your company should be more socially responsible. Online verfügbar auf: *https://www.forbes.com/sites/*

119 Carrington, D. (31. Mai 2018). Avoiding meat and dairy is 'single biggest way' to reduce your impact on Earth. Online verfügbar auf: *https:// www.theguardian.com/environment/2018/ may/31/avoiding-meat-and-dairy-is-single-biggest-way-to-reduce-your-impact-on-earth;https://www.forbes.com/sites/ rbesbusinessdevelopmentcouncil/2018/05/30/ why your company should be more socially responsible/*

Alle Quellenangaben zuletzt aufgerufen im November 2019

MIX
Papier aus verantwor-
tungsvollen Quellen
FSC® C145070

echtEMF ist eine Marke der Edition Michael Fischer

1. Auflage
Alle Rechte der deutschsprachigen Ausgabe bei
© 2020 Edition Michael Fischer GmbH, Donnersbergstr. 7, 86859 Igling
Copyright der Originalausgabe: © Henry Firth & Ian Theasby 2019
Henry Firth & Ian Theasby assert the moral right to be acknowledged as the authors of this work
Covergestaltung: Anna Köperl, unter Verwendung einer Vorlage von Louise Evans
Übersetzung: Imke Brodersen
Redaktion: Ruth Wiebusch
Layout: Louise Evans
Illustrationen: Martha and Hepsie (marthaandhepsie.com)
Inhaltliche Beratung im Kapitel „Make-up und Hautpflege": Em-J (@emj.makeupartist)
Satz: Lara Nelles
Gedruckb ei GGP Media GmbH, Karl-Marx-Straß 24, 07381 Pößneck, Deutschland

ISBN 978-3-96093-772 2